8º F
2064

AF473386

DES

COALITIONS

INDUSTRIELLES ET COMMERCIALES,

PAR

Edouard Haus,

SUBSTITUT DU PROCUREUR DU ROI A ANVERS.

I.

GAND,

CHEZ H. HOSTE, LIBRAIRE, RUE DES CHAMPS, N° 45.

1862.

DES

COALITIONS INDUSTRIELLES & COMMERCIALES.

Gand, Imp. et Lith. de C. Annoot-Braeckman.

DES

COALITIONS

INDUSTRIELLES ET COMMERCIALES,

PAR

Edouard Haus,

SUBSTITUT DU PROCUREUR DU ROI A ANVERS.

GAND,

CHEZ H. HOSTE, LIBRAIRE, RUE DES CHAMPS, N° 45.

1862.

INTRODUCTION.

I.

Nous avons entrepris la difficile tâche de définir et de circonscrire dans les rapports entre particuliers, l'une des libertés les plus importantes que consacre la civilisation moderne, la liberté de l'industrie et du commerce qui recèle dans son sein tant de prodiges mais aussi tant de désastres.

De nos jours cette liberté a pris un développement immense. Mais avec son extension se sont accrus les périls qui l'environnent ou plutôt qui en résultent quand on ne lui fixe pas de limites et qu'on ne lui impose pas certaines bornes.

Parmi les ennemis les plus redoutables, issus de la liberté d'industrie même, ennemis qui la menacent dans son existence et que la loi répressive ne peut pas perdre de vue, se trouvent certaines espèces de coalitions. Les législateurs dans différents États s'en sont sérieusement préoccupés. Elles ont été surtout l'objet de l'attention publique en France, en Angleterre et en Bavière. Dans ce dernier pays on s'est attaché tout récemment dans le nouveau Code pénal à les réprimer d'une manière efficace.

Nous avons essayé dans cet ouvrage de signaler surtout l'illégalité, les dangers et les effets désastreux des coalitions industrielles et commerciales, par rapport à la liberté individuelle, c'est-à-dire au droit des particuliers, ainsi que par rapport à l'économie sociale. Nous ne nous dissimulons pas, que pour tracer la ligne de démarcation entre le droit et les coalitions susdites, pour mesurer les exigences légitimes de la liberté et les empiètements coupables auxquels elle peut se livrer, et parvenir à une théorie complète et vraie, il faut des vues claires, une connaissance exacte de l'histoire et des notions nettes d'économie politique. Aussi, Chauveau et Hélie ont-ils dit avec raison, au n° 3644 de leur *Théorie du Code pénal,* relativement aux coalitions en général : « Cette matière soulève les questions les plus ardues de l'économie politique. L'incrimination des coalitions, soit des maîtres, soit des ouvriers, semble supposer en effet la solution de l'un des problèmes les plus graves de notre temps, l'organisation du travail. Et puis comment admettre la répression d'une association commerciale qui a pour but de produire une hausse ou une baisse factice des marchandises, si les limites qui restreignent le principe de la liberté du commerce et de la concurrence ne sont pas posées avec précision? » Nous ne nous flattons pas d'avoir dit le dernier mot sur une matière aussi délicate. Il y aurait présomption de notre part de croire que nous avons fait une œuvre à l'abri de la critique et que nous sommes parvenus à déblayer complètement une voie qui ne vient que de s'ouvrir et où si peu de jurisconsultes se sont engagés jusqu'à ce jour. Nous croyons cependant avoir été plus loin que nos devanciers et être parvenus à tracer un système complet dans une matière qui intéresse à un si haut degré, non-seulement notre droit constitutionnel et pénal mais encore l'avenir de nos sociétés modernes.

Il n'échappe pas en effet aux personnes à vues larges et profondes, que parfois sous l'apparence et au nom des libertés publiques, sont prônés le despotisme des coalitions et la légitimité de doctrines fausses et de principes essentiellement contraires à l'intérêt social et à la stabilité des États. Le plus souvent ces écarts tiennent à un manque de rectitude de jugement, à un défaut de force et d'application de pensée chez ceux qui étudient l'économie sociale et qui se chargent d'interpréter et d'expliquer les lois naturelles et positives. De nos jours il y a bien peu de personnes qui vraiment réfléchissent et étudient à fond les sciences juridiques et sociales. Le matérialisme domine les masses. On s'agite, on se démène beaucoup pour parvenir loin et vite, et l'on réfléchit peu aux exigences du droit et de l'intérêt général. A quoi bon d'ailleurs y réfléchir? quel profit en retire-t-on? Quels lecteurs aura-t-on en supposant même qu'on produise une œuvre réfléchie? Et puis ne trouve-t-on pas des opinions toutes faites dans les écrits du jour? Voilà ce que la plupart des personnes se disent et mettent journellement en pratique. Aussi s'adressent-elles de préférence au mouvement des affaires publiques, aux spéculations industrielles et commerciales, aux plaisirs. Quant aux personnes qui se chargent de penser pour les autres et de leur fournir une pâture intellectuelle, comme elles doivent produire vite, beaucoup et à aussi peu de frais que possible, elles inondent l'univers de systèmes qui souvent se heurtent, se combattent, se détruisent, ne forment plus qu'un vaste chaos, et couvrent de leur débris les lois éternelles qui gouvernent le monde et maintiennent l'ordre social.

Le choc des doctrines, le mélange d'écrits hétérogènes sont devenus tels, le scepticisme qui en résulte est parvenu à un si haut degré, que bien des personnes mettent en question les principes les plus élémentaires du droit, et que parfois tout en croyant de bonne foi défendre la liberté, il leur arrive de consacrer le despotisme le plus effréné, le plus aveugle, le plus intolérable. En matière d'industrie et de commerce nous avons vu des écrivains soutenir au nom du droit et de l'équité la cause des coalitions qui recourent à la contrainte morale, notamment à la cessation de tout travail, à l'époque même où le célèbre O'Connell prononçait ces mémorables paroles : « Les coalitions ont établi un despotisme incroyable sur les ouvriers. Il n'en est pas de plus dur et de plus dégradant que celui exercé par une partie des ouvriers sur l'autre. Aucun gouvernement absolu ne fournit d'exemple d'une pareille sujétion. Si le czar Pierre ou le sultan Mahmoud avaient ainsi abusé de leur puissance, ils auraient été détrônés. » C'est à cette époque aussi que l'un des économistes les plus renommés de la France, M. Wolowski, écrivait : « Respecter la propriété des forces et l'habilité individuelle est la première condition de l'état social. Le droit de l'ouvrier est d'employer cette propriété de la manière qu'il croit la plus avantageuse, autant que cela ne nuit point à un pareil exercice du droit d'autrui. C'est le principe le plus sain entre ceux que la protection des lois doit couvrir. Le devoir de l'État est de le préserver de toute atteinte, de protéger la liberté contre des influences irrégulières. »

II.

La liberté de l'industrie et du commerce est un fait nécessaire en droit et en économie politique. C'est là une vérité passée à l'état d'axiome, consacrée au surplus par nos lois.

Ce fait donne cependant lieu à de vives discussions lorsqu'il s'agit d'en mesurer l'étendue et de le considérer dans son application notamment en ce qui concerne les coalitions [1] des maîtres et des ouvriers et des détenteurs d'une

(1) Pour éviter des équivoques et empêcher des erreurs d'interprétation, nous croyons devoir dire que nous employons le mot *coalition* dans son sens propre c'est-à-dire celui de ligue ou d'association formée dans des vues nuisibles à autrui, ou plutôt d'association qui se propose d'exercer *une pression* ou une *contrainte morale,* ou *des violences* sur autrui. — Cette remarque est d'une grande importance comme nous aurons l'occasion de le voir plus loin; c'est en effet, en confondant la coalition avec l'association pure, qu'on est arrivé le plus souvent à justifier la coalition.

marchandise, en d'autres termes les coalitions industrielles et commerciales. Bien des théories ont été produites. Aucune ne s'est suffisamment attachée à tracer la ligne de démarcation qui sépare la liberté de la licence, l'ordre du désordre, le droit de l'abus du droit. De là des controverses longues, vives, interminables, entre jurisconsultes, entre économistes, entre jurisconsultes et économistes. De là un manque de précision et des lacunes regrettables dans les différentes théories. — Une autre source de conflit provient de la qualité même des personnes qui ont étudié les coalitions : les unes étaient jurisconsultes, les autres économistes ; aucun jurisconsulte n'a traité la question en droit et en économie politique. L'alliance intime entre ces deux sciences en fait de liberté n'a pas été suffisamment mise à profit. On n'a pas vu que toute atteinte au droit d'autrui portait en même temps coup à l'économie sociale.

Nous nous proposons de rechercher surtout quelles sont les limites de la liberté industrielle et commerciale au regard du droit des particuliers et de l'économie politique, et par suite quand et dans quelles circonstances, les coalitions industrielles et commerciales portent atteinte au droit d'autrui ainsi qu'à l'économie sociale, et doivent être défendues par la loi. Nous diviserons notre ouvrage en deux parties. Dans la première, nous examinerons les coalitions industrielles, c'est-à-dire les coalitions des maîtres et des ouvriers au triple point de vue de la liberté individuelle, de l'ordre public et de l'économie politique. Dans la seconde, nous traiterons des coalitions commerciales ou des coalitions des producteurs ou des commerçants (détenteurs de marchandises) et des consommateurs, au regard de la liberté du commerce et pareillement de l'économie politique

PREMIÈRE PARTIE.

DES COALITIONS INDUSTRIELLES,

OU

DES COALITIONS DES MAITRES ET DES OUVRIERS.

DES COALITIONS INDUSTRIELLES

OU

DES COALITIONS DES MAITRES ET DES OUVRIERS.

CHAPITRE I.

Des coalitions des maîtres et des ouvriers au point de vue du droit et de la législation.

SECTION I.

DES COALITIONS DES MAÎTRES ET DES OUVRIERS AU REGARD DU DROIT OU DE LA LIBERTÉ D'INDUSTRIE.

La liberté industrielle, pas plus qu'une autre liberté, ne peut être absolue et sans limites. Elle est circonscrite par la liberté ou le droit d'autrui : dès qu'elle empiète sur ce droit elle est abusive et doit être réprimée.

Il est du devoir de l'État d'assurer cette répression afin de garantir les droits de chacun.

C'est là un principe incontestable, applicable à tout droit public. C'est en suivant ce principe que les art. 109, 110 du Code pénal disent : « Lorsque par attroupements, voies de fait ou menaces, on aura empêché un ou plusieurs citoyens d'exercer leurs droits civiques, chacun des coupables sera puni d'un emprisonnement de six mois au moins et de deux ans au plus, et de l'interdiction du droit de voter et d'être éligible pendant cinq au moins et dix ans au plus. » — « Si ce crime a été commis par suite d'un plan concerté pour être exécuté soit dans tout le royaume, soit dans un ou plusieurs départements, soit dans un ou plusieurs arrondissements communaux, la peine sera le bannissement. » C'est encore en vertu des mêmes principes que les art. 260, 261 du Code pénal portent : « Tout particulier qui par des voies de fait ou menaces aura contraint ou empêché une ou plusieurs personnes d'exercer l'un des cultes autorisés, d'assister à l'exercice de ce culte, de célébrer certaines fêtes, d'observer certains jours de repos et en conséquence d'ouvrir ou de fermer leurs ateliers, boutiques ou magasins et de faire ou quitter certains travaux, sera puni pour ce seul fait, d'une amende de seize francs, à deux cents francs, et d'un emprisonnement de six jours à deux mois. — Ceux qui auront empêché, retardé ou interrompu les exercices d'un culte par des troubles ou désordres causés dans le temple ou autre lieu destiné ou servant actuellement à ces exercices, seront punis d'une amende de seize francs à trois cents francs et d'un emprisonnement de six jours à trois mois. » Il n'y a donc pas d'équivoque possible sur le principe. Les difficultés ne surgissent que lorsqu'il s'agit de savoir où expire la liberté, où commence l'abus et l'empiètement sur le droit d'autrui, dans l'espèce, quand commence l'atteinte à la liberté industrielle des maîtres et des ouvriers.

Pour parvenir à une solution nous allons tâcher de définir d'abord ce que comprend pareille liberté. Nous rechercherons ensuite quand il y a empiètement sur cette liberté ou fait attentatoire à cette liberté.

La liberté d'industrie peut être envisagée soit dans les relations de maîtres à ouvriers, de maîtres à maîtres, ou d'ouvriers à ouvriers. Elle implique le droit pour tout individu de travailler concurremment avec d'autres ou de jouir du bénéfice de la libre concurrence ; de travailler d'après le mode qui lui convient, et par suite avec tels ouvriers ou tels instruments, pour tel salaire ou tel prix, ou pendant tel temps et à telle époque. Chaque individu peut revendiquer pour soi ces libertés, exiger qu'on n'y porte point atteinte et qu'on n'exerce pas sur elles une pression de nature à les amoindrir ou à les exclure. Ainsi, le maître peut prétendre à ce qu'on respecte l'organisation de son travail tel qu'il l'a arrêté, qu'on ne pèse pas sur ses résolutions relatives aux engagements avec les ouvriers en particulier et portant par exemple sur le temps des engagements, la durée et le mode du travail, la qualité des personnes admises à travailler et sur les salaires. L'ouvrier de son côté peut exiger par exemple, que d'autres personnes n'exercent pas une pression sur le taux de son salaire pour le diminuer, ou sur sa personne pour l'expulser du lieu où il travaille. Les entrepreneurs d'industrie ou les

les ouvriers de leur côté, sont en droit d'exiger que des collègues ou confrères n'entament pas leur liberté, et qu'ils ne violent pas le bénéfice de la libre concurrence. De là suit que la loi pénale doit intervenir dès que des ouvriers attentent à la liberté de leurs maîtres et veulent le forcer à changer l'organisation de son travail, soit pour ce qui regarde les engagements qu'il a contractés envers les ouvriers individuellement, soit pour la durée ou le mode du travail, soit pour ce qui concerne les personnes admises à travailler, soit pour les instruments de travail, soit pour les salaires. La nécessité d'une répression est également constante si l'on attente à la liberté de l'ouvrier pour forcer par exemple l'abaissement de son salaire ou lui faire quitter l'atelier où il travaille. Il importera aussi de frapper les attentats dirigés contre la liberté des maîtres et des ouvriers, contrairement aux principes de la libre concurrence.

Le seul point qui reste à préciser est celui de savoir quand il y a fait attentatoire à la liberté industrielle.

Pour arriver à un résultat exact il convient de recourir à des hypothèses et de voir si nous y rencontrons une atteinte à la liberté de l'industrie.

Supposons que des ouvriers, soit en coalition, soit en particulier, dans le but d'obtenir une augmentation de paye se rendent chez leur patron. Ils exposent leurs griefs et exigent que leur salaire soit augmenté. Le patron veut les éconduire. Les ouvriers exercent des violences sur sa personne à l'effet d'obtenir ce qu'ils réclament. Les ouvriers ont incontestablement violé la liberté de leur maître.

Le patron de son côté entamerait la liberté de ses ouvriers, si de concert avec d'autres maîtres, ou seul, et en vue d'empêcher une augmentation de salaire, il prononçait contre ses ouvriers des amendes, autres que celles qui ont pour objet la discipline intérieure de l'atelier, des défenses, des interdictions ou des proscriptions.

Dans ces deux cas la liberté est atteinte. Dans le premier, il y a violence. Le maître a été contraint physiquement. On n'a pas respecté son droit de fixer le salaire de ses ouvriers comme il l'entendait. Dans le second, il y a contrainte morale. Les ouvriers par suite de cette contrainte, n'ont pas pu user de la liberté de demander le salaire qu'ils voulaient.

Dans les deux cas le but proposé est la violation de la liberté industrielle.

On peut donc poser comme règle que la *violence* et *la contrainte morale dirigées contre la liberté d'industrie,* blessent cette liberté, et partant doivent être réprimées. Tout attentat à la liberté industrielle suppose donc deux éléments : d'abord des voies de fait ou une contrainte morale, ensuite des voies de fait ou une contrainte dirigée contre cette liberté.

Il va de soi que les voies de fait doivent être défendues, soit qu'elles émanent d'individus isolés, ou d'associations ou de coalitions. Il est clair aussi qu'il faut les punir plus sévèrement quand elles proviennent de coalitions parce qu'elles sont plus dangereuses et étouffent plus facilement la liberté. Elles doivent être atteintes soit dans les rapports de maîtres à ouvriers, soit dans les relations de maîtres à maîtres, ou d'ouvriers à ouvriers. En interrogeant les faits, on voit qu'en Belgique les violences les plus communes sont celles exercées par des associations d'ouvriers contre d'autres ouvriers, par d'anciennes corporations contre des ouvriers libres. Dans plusieurs villes, notamment à Gand, les conducteurs de bateaux ou pilotes et les haleurs sont encore organisés en corporations, et recourent parfois à la violence pour exclure la concurrence des pilotes ou haleurs étrangers.

Quant à la contrainte morale elle ne peut être confondue, avec la contrainte mentionnée dans les art. 1111 et 1112 du Code civil (1) et 64 du Code pénal (2). Dans ces articles on considère la contrainte dans *sa cause* et ses *résultats obtenus ;* en matière de convention, comme cause de nature à déterminer et ayant déterminé une convention ; en droit pénal, comme mobile de nature à faire commettre et ayant fait commettre un délit. Il tombe sous le sens que, pour pouvoir

(1) Art. 1111. — « La violence exercée contre celui qui a contracté l'obligation est une cause de nullité encore qu'elle ait été exercée par un autre que celui au profit duquel la convention a été faite. »

Art. 1112. — « Il y a violence lorsqu'elle est de nature à faire impression sur une personne raisonnable et qu'elle peut lui inspirer la crainte d'exposer sa personne ou sa fortune à un mal considérable et présent. On a égard en cette matière à l'âge, au sexe et à la condition des personnes. »

(2) « Il n'y a ni crime ni délit, lorsque le prévenu..... ou lorsqu'il a été contraint par une force à laquelle il n'a pu résister. »

attribuer un contrat à la contrainte morale, il faut qu'elle ait été de nature à empêcher le libre arbitre et qu'elle l'ait paralysé. De même pour être autorisé à mettre un crime sur le compte de la contrainte, il importe que celle-ci ait été irrésistible et partant qu'elle ait supprimé la liberté.

Dans notre espèce au contraire, il s'agit de la contrainte considérée non pas tant dans son résultat obtenu et qu'elle était destinée à obtenir que dans son caractère même de fait attentatoire à la liberté, par conséquent de circonstance propre, soit à étouffer la liberté ou à la paralyser, soit à l'amoindrir.

C'est en ce sens et sous ce rapport qu'alors même qu'il était fait mention d'un résultat obtenu, elle a été considérée par les lois qui ont traité des libertés et des droits publics.

Ainsi, l'art. 109 du Code pénal relatif au libre exercice des droits civiques proscrit la contrainte morale qui se manifeste par des *attroupements* ou des *menaces*. Le législateur ne s'enquiert pas si ces moyens étaient de nature à empêcher absolument l'exercice du droit en question. Il les frappe quand même il ne s'agirait pas d'un mal considérable et présent, parce qu'il les considère comme des faits qui pèsent sur l'exercice des droits civiques, et ne laissent pas ces droits complètement libres.

Ainsi, l'art. 260 du Code pénal qui traite du libre exercice des cultes prohibe la contrainte morale qui se traduit en *menaces* ou *voies de fait*. Il n'exige pas qu'il s'agisse d'un mal considérable et présent ou que la contrainte soit de nature à ne pas pouvoir y résister. Il suffit qu'il y ait voies de fait ou menaces pour que la loi y voie un fait de contrainte morale, une atteinte au libre exercice des cultes.

Ainsi, l'art. 416 du Code pénal qui a trait au libre exercice de l'industrie, sévit contre ceux qui prononcent des *amendes*, des *défenses*, des *interdictions* ou toutes autres *proscriptions* sous le nom de damnations, contre les entrepreneurs d'ouvrages ou les directeurs d'ateliers etc.... Ici encore il n'est pas fait mention d'un mal considérable et présent, ni d'une force à laquelle il n'y aurait pas moyen de résister. Le législateur range les faits susdits parmi les délits, parce qu'ils sont dirigés contre la liberté de l'industrie, qu'ils sont de nature à entraver cette liberté et à l'amoindrir.

Nous avons à dessein choisi les exemples précédents parce qu'ils nous conduisent à une remarque qui ne manque pas d'importance. Le législateur a eu soin d'y énumérer les faits qui d'après lui pèsent sur la liberté et constituent des moyens de contrainte morale. Ces faits sont, indépendamment des voies de fait que nous ne citons ici que pour mémoire, les attroupements, les menaces, les amendes, les interdictions et les proscriptions ou damnations, pourvu bien entendu que ces faits soient dirigés contre la liberté d'industrie. Cette détermination de la contrainte morale offre de grands avantages. La loi devient plus précise ;

le délit est mieux qualifié, le but proposé est plus surement atteint par cela même qu'il y a une ligne de démarcation nette et claire entre ce qui est défendu et permis; les controverses et les discussions doctrinales sont rendues plus difficiles. Le législateur qui édicterait des dispositions pour garantir la liberté industrielle et la protéger contre la contrainte morale, agirait sagement en spécifiant comme moyens de contrainte les faits ci-dessus énumérés. Il devrait aussi les considérer non-seulement dans les rapports de maîtres à ouvriers, mais encore dans ceux de maîtres à maîtres et d'ouvriers à ouvriers. Il y a lieu, en effet, de frapper ces faits dans tous ces cas.

Il faudrait sévir, par exemple, contre des ouvriers qui, par des menaces, chercheraient à empêcher le travail d'un autre ouvrier; ou contre des entrepreneurs d'industrie qui auraient recours à des menaces pour éloigner la concurrence d'un autre entrepreneur; ou contre le maître qui par des menaces voudrait mettre obstacle à la hausse des salaires de ses ouvriers, ou favoriser une baisse; ou contre les ouvriers qui menaceraient leur maître, dans le but de produire une hausse, ou d'empêcher une baisse de salaires.

Nous croyons devoir ajouter que par menaces, nous entendons des paroles ou gestes en vue de faire craindre un mal qu'on prépare. Cette définition n'est pas sans importance et sans utilité. On voit encore souvent de nos jours des individus recourir à des menaces pour étouffer la liberté en matière d'industrie, de commerce et d'agriculture. Dans certaines villes, les ouvriers qui forment des corporations menacent parfois des travailleurs libres pour éloigner la libre concurrence. Dans d'autres localités, où les habitations sont rares, de grands cultivateurs font revivre le servage de la glèbe en bâtissant des maisons d'ouvriers et en menaçant ceux qui s'y trouvent de les expulser s'ils ne travaillent pas exclusivement pour eux. Ce dernier abus donne souvent lieu à un autre, celui de l'abaissement forcé des salaires. Menacé de devoir quitter son asile, s'il ne souscrit pas à ces conditions, le travailleur doit finir le plus souvent par s'y soumettre.

La règle que nous venons de poser, à savoir : que la contrainte morale doit être proscrite par la loi, dès qu'elle pèse sur la liberté d'industrie par les moyens indiqués, nous permet de résoudre la question des coalitions et de discerner quand les associations industrielles sont licites et quand elles ne le sont pas.

Si elles sont accompagnées de moyens de contrainte morale dirigés contre la liberté d'industrie, elles sont contraires à la loi. Dans le cas inverse elles sont licites et doivent être autorisées.

Voilà le principe.

Mais comme ce principe, tel que nous venons de l'énoncer, est vague et qu'il importe comme nous l'avons dit tout à l'heure d'apporter de la précision et de la clarté surtout dans une matière qui limite une liberté ou un droit civique, nous essayerons de tracer plus nettement la séparation entre les associations permises et les associations prohibées. A cet effet nous nous attacherons d'abord aux concerts les plus fréquents et les plus importants, ceux dirigés par des ouvriers contre leur maître, ou réciproquement par des maîtres contre leurs ouvriers, et portant sur l'augmentation ou la diminution des salaires.

Loin de nous la pensée de vouloir proscrire les concerts des maîtres et des ouvriers où se traitent et se débattent des intérêts communs et des questions de salaires. Alors même que les notions les plus élémentaires du droit et les considérations de justice ne s'opposeraient pas à de pareilles atteintes, il ne serait au pouvoir de personne d'empêcher ces conventions, pour ainsi dire tacites, qui s'établissent soit entre les maîtres, soit entre les ouvriers, et par suite desquelles les salaires sont tenus au même niveau. Ce n'est pas contre de pareilles mesures que nous invoquons l'appui de la loi pénale. Nous ne nous élevons que contre les associations ou coalitions dirigées contre la liberté d'industrie et qui veulent peser sur cette liberté par des moyens de contrainte morale.

Voici des hypothèses qui feront, croyons-nous, bien ressortir la ligne de démarcation entre le droit d'association et les coalitions.

Des ouvriers se réunissent et s'entendent pour gagner davantage. Dans leurs délibérations ils décident qu'un comité se formera et fera des démarches auprès du maître pour obtenir une augmentation de salaire. Ce comité se rend auprès du maître, et se constitue l'organe de l'association entière. Dans toutes ces circonstances la loi pénale n'a pas à intervenir. Il ne peut être question de délit. Les ouvriers ont recouru au droit d'association. Ils se sont associés pour rendre leur travail plus productif, pour parvenir à une augmentation de salaire. Ils pouvaient à bon droit invoquer ces paroles mémorables de Turgot : « Dieu, en donnant à l'homme des besoins, en lui rendant nécessaires les ressources du travail, a fait du droit de travailler la propriété de tout homme, et cette propriété est la première, la plus sacrée et la plus imprescriptible de toutes. »

Supposons au contraire que des ouvriers se coalisent pour forcer leur maître à leur payer davantage. Ils veulent au moyen de la contrainte morale obtenir satisfaction. Un comité est créé pour forcer la main au maître et pour lui signifier que si l'augmentation demandée n'est pas accordée, tous les ouvriers quitteront en même temps les travaux. Ce comité va trouver le maître et formule les prétentions et la résolution de la coalition. Il ne s'agit plus ici d'association, mais de contrainte ; ou plutôt l'association a outrepassé son droit et a empiété sur le droit du maître. Nous nous trouvons en présence de la contrainte morale la plus nette, la plus forte, la plus dangereuse. Ce n'est pas seulement cette contrainte dont nous avons traité ci-dessus et qui se manifeste seulement par des attroupements, des menaces, des amendes, des défenses, des interdictions ou des proscriptions. La contrainte présente, supprime complètement la liberté du maître. Un industriel ne peut interrompre subitement, le travail sans essuyer des pertes considérables. Il est possible même que le départ simultané de ses ouvriers soit une véritable ruine pour le patron. C'est ce qui arrivera si ses opérations sont étendues, si ses ouvriers sont nombreux, ou si son industrie exige des ouvriers ayant une certaine pratique ou des connaissances spéciales. Il n'est plus question ici d'une contrainte qui pèse seulement sur la liberté; mais d'une contrainte qui l'anéantit.

Ce que nous venons de dire des associations d'ouvriers est applicable à celles des maîtres dans leurs rapports avec les ouvriers. Elles sont licites et doivent être tolérées aussi longtemps qu'elles ne tendent pas à forcer l'abaissement des salaires, à peser sur la liberté de l'ouvrier, à supprimer cette liberté. Elles doivent être prohibées du moment où naît la contrainte morale. Que des maîtres s'entendent pour tenir au même niveau le salaire de leurs ouvriers, rien de plus naturel. Mais ce qu'ils ne peuvent pas faire, ce que la loi pénale doit leur interdire, c'est de forcer l'abaissement des salaires, c'est de recourir, de concert, à des moyens de contrainte, de tenir par exemple, et de commencer à exécuter malgré la résistance des ouvriers, des délibérations d'après lesquelles on n'admettrait pas, ou l'on renverrait tous ceux qui ne consentiraient pas à ce que les salaires soient diminués. Le seul commencement d'exécution d'une coalition pareille, le fait de porter à la connaissance des intéressés cette sentence inique et redoutable, est de nature à amoindrir ou à supprimer leur liberté, alors surtout que la coalition est étendue et que ses ramifications embrassent une ville entière, et même tout un pays. Dans ces circonstances la résistance est très difficile. L'ouvrier a besoin de son salaire pour vivre. Il doit céder, au moins temporairement, quand les maîtres s'unissent dans une pensée de pression commune. Il subit une contrainte des plus grandes, des plus blâmables.

Dans les exemples précédents, nous venons de mettre en lumière des moyens puissants de contrainte auxquels recourent souvent les coalitions quand elles se proposent d'augmenter ou d'abaisser les salaires. Ces moyens sont pour les ouvriers, le concert d'abandonner en même temps les travaux, et pour les maîtres, l'accord de renvoyer les ouvriers, concert ou accord qui est suivi d'un fait d'exécution, par exemple de la notification faite par les coalisés à celui ou à ceux contre lesquels la mesure est dirigée. La contrainte dont nous venons de parler suppose en d'autres termes, deux faits : d'abord une convention de contrainte dans le sens que nous venons de fixer, une union de volontés dirigées contre la liberté industrielle; ensuite une mise à exécution ou un commencement de mise à exécution de cette convention. Ces deux conditions sont également celles de toute coalition illicite. Ce qui la caractérise c'est la résolution arrêtée de peser sur la liberté, et un commencement d'exécution de cette résolution. Ce n'est en effet que par cette dernière circonstance que l'élément de coaction se dégage et que la contrainte morale commence. Aussi longtemps qu'il n'y a pas d'exécution, il peut y avoir convention illicite, mais il n'y a pas de contrainte morale. Les lois qui ne viseraient qu'à réprimer celles-ci ne pourraient sévir, contre les coalitions aussi longtemps qu'elles n'auraient pas été suivies d'un commencement d'exécution. Il n'est pas contestable non plus que d'après les circonstances et le danger social, le législateur pourrait frapper, non pas comme fait de contrainte morale, mais comme délit distinct, le fait de se coaliser contre la liberté d'industrie. C'est ainsi que les auteurs du Code pénal de 1810 ont puni, dans l'art. 86 le complot contre la vie ou contre la personne de l'empereur; dans l'art. 87 le complot contre la vie ou la personne d'un membre de la famille impériale, et le complot dont le but est, soit de détruire ou de changer le gouvernement ou l'ordre de successibilité au trône, soit d'exciter les citoyens ou habitants à s'armer contre l'autorité impériale; dans l'art. 91 le complot, dont le but est, soit d'exciter la guerre civile en armant ou en portant les citoyens ou habitants à s'armer les uns contre les autres, soit de porter la dévastation, le massacre et le pillage dans une ou plusieurs communes; dans les art. 123, 124, 125, le concert de mesures contraires aux lois ou contre l'exécution des lois, ou attentatoires à la sûreté intérieure de l'État, soit par la réunion d'individus ou de corps dépositaires de quelque partie de l'autorité publique, soit par des députations ou correspondances entre eux. On comprend cependant que pour sévir contre des coalitions ou complots illicites de maîtres ou d'ouvriers qui n'ont pas été suivis d'un commencement d'exécution, il faudrait des circonstances graves et spéciales ; il importerait que le législateur se trouvât en présence de coalitions bien dangereuses, ou d'un état industriel ou social bien critique, ou d'un danger bien grand. Ce n'est que dans le cas de nécessité et quand l'ordre public l'exige, que la loi doit frapper la pensée qui ne s'est révélée que par des actes préparatoires et non par des actes d'exécution ; et dans ce cas elle atteint non pas tant l'acte préparatoire que l'acte contraire à l'ordre public. En règle générale c'est par la mise ou le commencement de mise à exécution qu'il y a atteinte au droit d'autrui ou à l'ordre social. Pour appliquer une peine à ce qui a précédé des faits d'exécution, c'est-à-dire à des faits préparatoires, il faut que ces faits aient une valeur intrinsèque et soient contraires à l'intérêt social, abstraction faite des actes auxquels on pourrait les rattacher comme faits préparatoires. Aussi Chauveau et Hélie, en traitant une question analogue à celle qui nous occupe, disent-ils avec raison, sous le nº 362 : « Cependant la société peut assurément incriminer certains actes préparatoires lorsqu'ils menacent sa sûreté. Mais ces actes ne peuvent alors être punis que comme délits particuliers, d'après leur valeur intrinsèque et abstraction faite des crimes qu'ils avaient pour but de préparer. Ainsi, et pour nous servir de l'exemple cité par la loi romaine, l'agent qui a brisé une barrière pour voler, et qui tout-à-coup a changé de volonté ou a été contraint de s'éloigner, peut être poursuivi, mais seulement à raison de cet acte de violence et non pas pour vol. C'est d'après cette règle que les lois pénales ont incriminé les menaces, le complot, le port et la détention de certaines armes, les amas de poudre de guerre, etc., etc., le vagabondage, la mendicité, les maisons de jeu. Les attroupements peuvent également être considérés comme de véritables actes préparatoires de délits plus graves, et cependant sont punis comme des délits *sui generis.* » Pour ce qui regarde les coalitions qui appellent à leur aide la cessation simultanée du travail, comme elles sont des plus dangereuses, et que leur existence seule est une menace pour la société, on pourrait les frapper même avant tout commencement de mise à exécution. Pour ce qui est des autres coalitions, il y a une distinction à établir. Si l'on se trouvait par exemple dans un pays où l'industrie serait en souffrance par suite des coalitions des maîtres et des ouvriers, ou serait en proie à de graves désordres, ou donnerait lieu à des attentats contre les personnes ou les propriétés, il faudrait sévir contre ces coalitions, même avant toute mise à exécution, parce que leur existence seule serait un mal et un danger pour la société. Dans un état au contraire, où ces coalitions seraient rares et où les personnes et les propriétés ne seraient pas exposées à des dangers sérieux, il ne faudrait pas les frapper avant un commencement de mise à exécution. Aussi longtemps en effet, que ce dernier fait n'interviendrait pas, aucun intérêt, aucun droit, ni privé ni social, ne souffrirait ; ce ne serait que par un commencement d'exécution que la contrainte morale commencerait et que la violation du droit d'autrui existerait.

Tout ce que nous venons de dire s'applique aux coalitions dirigées contre la liberté industrielle dans leurs rapports avec le droit pénal. Il va de soi qu'au regard du droit civil, pareilles coalitions sont illicites comme contraires au droit. Il importe qu'une bonne législation sur les coalitions renferme un texte formel sur ce point, ne fût-ce que pour empêcher les équivoques, les incertitudes, et appeler l'attention des intéressés sur ce qui est permis et défendu, sur les bornes que la loi met à leurs droits.

Quant aux coalitions des maîtres et des ouvriers qui ne se proposent pas de peser sur la liberté industrielle, de cesser en même temps le travail, elles ne doivent dans aucun pays ou sous aucun prétexte être frappées par la loi pénale. Ce sont des associations licites. En les supprimant on frapperait en réalité le droit d'association.

Nous venons de considérer les coalitions des maîtres et des ouvriers au point de vue de concerts formés à l'effet de parvenir par la cessation simultanée du travail à abaisser ou à élever le taux des salaires. Bien que ces concerts le plus souvent portent sur les salaires, ils peuvent encore viser à diminuer ou à augmenter le travail, à empêcher les maîtres d'employer des ouvriers déterminés, à contrôler l'action des maîtres, à prescrire notamment le mode d'après lequel, la manufacture, le commerce ou l'industrie seront dirigés. Dans tous ces cas les principes que nous venons d'exposer trouvent application.

Si des maîtres, par exemple, s'entendent pour augmenter les heures de travail, et déclarent à leurs ouvriers qu'ils auront à fléchir ou à s'en aller, la contrainte morale existe, la liberté industrielle est atteinte. Les ouvriers devront céder à ce concert et obéir à cette pression puissante. En vain voudraient-ils s'y soustraire en quittant leur patron, la même condition leur sera imposée par un autre maître. Ils se trouvent contraints à subir la décision imposée par des volontés collectives. Il y aurait également contrainte morale, si des ouvriers prenaient ensemble la décision de diminuer les heures de travail, et informaient leur patron qu'il doit choisir entre cette diminution ou la cessation de tout travail, entre leur résolution arrêtée ou la désertion des ateliers de la part de tous les ouvriers. Le seul fait de porter pareilles injonctions à la connaissance du maître est un fait de contrainte morale le plus clair, le plus évident. Il n'y a pas de liberté dans le choix pour un maître dont l'industrie est considérable, alors surtout qu'il emploie des ouvriers nombreux et ayant passé par un long apprentissage ; il doit se courber sous l'arrêt dicté par la coalition s'il veut éviter des pertes considérables, voire même la ruine de son industrie.

Jusqu'à présent nous avons envisagé les coalitions des maîtres et des ouvriers sous le rapport spécial de la cessation simultanée de travail. Nous avons cru devoir insister surtout sur les concerts de cette nature parce qu'ils sont les plus fréquents et les plus redoutables. Aussi importe-t-il que le législateur les réprime énergiquement, et les distingue de tous les autres qui recourent également à des moyens de contrainte, spécialement à ces moyens que nous avons énumérés plus haut. On se rappelle qu'en traitant de la contrainte individuelle nous avons parlé des attroupements, des menaces, des interdictions, des amendes, des proscriptions ou damnations dirigés contre la liberté industrielle. Il est clair que ces faits constituent des modes de contrainte soit que des particuliers y recourent, soit que des coalitions s'y adressent. Le caractère des moyens, la nature des armes employées, ne changent pas avec le nombre des agents qui s'en servent. Qu'une seule personne fasse des menaces dans le but de peser sur la liberté de l'industrie ou que plusieurs industriels réunis en coalition en fassent, la même espèce de contrainte morale existe. Il n'y a qu'une différence entre les deux cas, c'est que dans le premier elle est unique, et que dans le second elle est multiple. Ainsi, des maîtres veulent amener une baisse des salaires ; dans ce but ils s'entendent pour faire des défenses ; ils exécutent leur projet en faisant celles-ci. Des ouvriers s'entendent pour menacer leur maître et parvenir par là à une hausse des salaires, et de plus font ces menaces. Des maîtres pour empêcher la libre concurrence se concertent et prononcent des interdictions contre d'autres maîtres. Des ouvriers s'associent pour éloigner d'autres ouvriers et recourent à des proscriptions.

Dans tous ces cas, tout comme lorsqu'il s'agit d'individus isolés, il y a contrainte morale, atteinte à la liberté de l'industrie, avec cette modification cependant, qu'elle est plus forte, plus puissante, par cela même qu'elle est collective. Aussi le législateur doit-il sévir plus fortement contre cette contrainte que contre la contrainte individuelle.

En résumé, il est du devoir du législateur de réprimer les atteintes contre la liberté industrielle, c'est-à-dire les voies de fait et la contrainte morale dirigées contre cette liberté.

Relativement aux voies de fait, il doit les frapper soit qu'elles proviennent d'individus isolés ou de coalitions de maîtres envers des ouvriers et réciproquement, ou de coalitions de maîtres ou entrepreneurs d'industrie envers des maîtres ou entrepreneurs d'industries, ou de coalitions d'ouvriers envers des ouvriers, pourvu bien entendu que les voies de fait soient dirigées contre la liberté d'industrie. Il va de soi qu'il doit sévir plus énergiquement contre les coalitions que contre les individus isolés.

Relativement à la contrainte morale, il faut distinguer entre les individus agissant en particulier et les coalitions : La contrainte individuelle dirigée contre la liberté industrielle doit être punie, soit qu'elle s'exerce par des maîtres envers des ouvriers et réciproquement, ou par des maîtres envers des maîtres, ou par des ouvriers envers des ouvriers. Il faut cependant que cette contrainte se manifeste par des attroupements, des menaces, des interdictions, des proscriptions ou damnations.

La contrainte collective, celle des coalitions, doit être réprimée quand elle vise au même but et recourt aux mêmes moyens que nous venons d'indiquer en parlant de la contrainte individuelle, ou bien quand elle s'adresse au refus simultané de travail. Il importe cependant d'établir une différence entre la contrainte individuelle et collective relativement à la peine. Celle-ci doit être plus forte en matière de coalition. La justice distributive exige aussi que la loi réserve les peines les plus sévères contre les coalitions qui s'appuient sur la contrainte morale la plus énergique, sur les décisions des maîtres de refuser le travail aux ouvriers, ou sur les résolutions des ouvriers de cesser en même temps de travailler. Il convient que la loi définisse la *coalition* tout concert, ou association, ou ligue, qui se propose d'agir par voie de pression, de contrainte morale ou de violence, et qu'elle fasse ressortir que la contrainte morale existe dès qu'elle a reçu un commencement d'exécution.

Enfin, les voies de fait et la contrainte morale doivent être réputées dirigées contre la liberté industrielle quand elles le sont contre le droit de tout individu de travailler concurremment avec d'autres ou de jouir du bénéfice de la libre concurrence; de travailler d'après le mode qu'il préfère, spécialement de travailler avec les ouvriers, avec les instruments, pour le salaire ou le prix, ou pendant le temps, ou à l'époque qu'il juge convenable.

Une dernière remarque, c'est que les chefs ou moteurs

des associations illicites doivent être punis plus sévèrement que les autres personnes qui y ont participé.

Dans les cas où il n'y a pas encore attentat, c'est-à-dire voie de fait ou contrainte morale dirigée contre la liberté industrielle, et qu'il n'existe que des coalitions sans mise à exécution, c'est-à-dire des concerts qui se proposent de peser sur la liberté de l'industrie, ces concerts peuvent et doivent d'après les circonstances, l'état social et industriel, être punis comme faits nuisibles, comme délits distincts, et dans tous les cas être prohibés comme associations ou concerts illicites.

SECTION II.

DE QUELQUES LÉGISLATIONS SUR LES COALITIONS DES MAÎTRES ET DES OUVRIERS.

§ I. Législation anglaise.

Sous le régime des corporations il ne pouvait être question en Angleterre pas plus que sur le continent de sévir contre les associations et les coalitions des maîtres envers les ouvriers. L'association organisée était l'état normal, essentiel des corporations. Et comme celles-ci tenaient les ouvriers sous une étroite dépendance, elles ne se trouvaient pas dans le cas de recourir et ne recouraient pas à des mesures de violence ou de contrainte morale. Les corporations des maîtres étaient le produit des exigences de l'époque. Les arts et métiers s'étaient unis pour trouver de la sécurité et pour résister à la violence et au despotisme de la féodalité.

Quand le pouvoir central ou royal commença à prendre de l'empire sur la féodalité et à la faire plier sous ses règles ou ses statuts, il songea aussi, non pas à faire disparaître, mais à réglementer les corporations. La royauté qui les trouvait constituées et fortement organisées devait les accepter, consacrer les priviléges des maîtres et les monopoles, tout en les soumettant à une pensée d'ordre, de discipline et d'intérêt public. De là le système réglementaire ou d'organisation du travail. Les arts et métiers furent officiellement divisés. Les maîtrises, l'apprentissage et le compagnonage reçurent des règles. Des modes et des procédés de fabrication furent prescrits. La liberté du travail supprimée sous le régime des corporations, resta supprimée sous la législation réglementaire de l'État.

Sous ce régime, les associations et les coalitions des ouvriers ne pouvaient pas échapper à la répression de la loi pénale. L'ouvrier n'était pas libre de disposer de son travail. Celui-ci était réglé par les corporations et par l'État. Il en résultait que l'État était tout naturellement amené à voir des atteintes à ses droits dans les associations et les coalitions des ouvriers qui avaient pour but de discuter les conditions du travail et de fixer les salaires. Un motif spécial appelait aussi en cette matière l'intervention d'une mesure répressive. Les coalitions d'ouvriers étaient presque toujours suivies d'actes de violence ou de contrainte morale. A ce point de vue encore le législateur était conduit à arrêter leur essort et à les comprimer dès leur naissance.

Différents statuts intervinrent sur les associations et les coalitions (1). Sous Georges I, celles des tisserands furent punies de trois mois de prison avec travail forcé. La peine de sept années de transportation fut comminée contre les attaques envers les maîtres et l'envoi de lettres de menace. Ces dispositions furent appliquées par Georges II à d'autres industries.

La loi commune soumit au jury et frappa d'un emprisonnement et d'une amende, tout concert qui dans un but illicite ou par un moyen illicite portait préjudice à un tiers ou à la chose publique. Le but était illicite lorsqu'il s'agissait, par exemple, d'élever les salaires, d'abréger la durée du travail, d'opposer un refus simultané de travailler, ou de solliter d'autres personnes à participer à ces actes, de former des concerts analogues par souscriptions ou par recherches de souscriptions.

Au point de vue d'une législation qui règle le travail, toutes ces mesures s'expliquent aisément. Dès que le pouvoir s'arroge le droit de déterminer les conditions du travail, les salaires et les heures du travail, il est sollicité à étouffer les complots contraires à ces règlements. Elles

(1) Nous empruntons le texte de ces statuts à M. Wolowski, *Revue de législation*, 1851, tome 2.

ne s'expliquent plus toutes au regard d'un régime de liberté, de lois qui consacrent l'affranchissement de l'industrie et du commerce et partant le droit de l'ouvrier de travailler aux conditions qu'il juge convenable, d'exiger le salaire qu'il croit mériter, de disposer en un mot de son travail. On pouvait reprocher à la loi anglaise de mêler et de frapper indistinctement, le juste et l'injuste, le droit et l'abus du droit, les associations vraiment licites et illicites. Elle ne pouvait pas punir les ouvriers par cela seul qu'ils se concertaient sur les moyens d'élever les salaires, d'abréger la durée du travail, de solliciter d'autres personnes à former des associations analogues par souscriptions ou recherches de souscriptions. Ces concerts ne présentaient rien d'illicite. Ils n'étaient que la mise en pratique des principes de liberté, que l'application de la liberté d'association. La loi pouvait seulement, si l'interêt public ou l'ordre social l'exigeait, réprimer les coalitions, c'est-à-dire les associations dirigées contre la liberté industrielle. Il lui était permis alors de les atteindre parce qu'elles menaçaient cette liberté et constituaient des actes dirigés contre le droit et l'ordre public.

Pour ce qui concerne la législation spéciale, on doit l'étudier dans un acte de Georges III, acte qui date du commencement de ce siècle et régit les ouvriers de toutes les manufactures. Il sévit non seulement contre les coalitions d'ouvriers, mais aussi contre celles entre maîtres. Il déclara illégales toutes les conventions différentes de celles qui intervenaient entre entrepreneurs et ouvriers. Il punit les manœuvres ayant pour but d'élever les salaires, de diminuer le travail, d'empêcher les maîtres d'employer qui ils voulaient et de contrôler l'action des ouvriers. Le délit comme la tentative du délit tomba sous le coup de la loi pénale. La peine était de trois mois d'emprisonnement avec procédure sommaire devant deux juges.

Cette législation atteste un progrès évident. On voit que des principes d'égalité et de liberté commencent à se faire jour à travers les débris du système réglementaire légué par les siècles précédents. La loi comprit la nécessité d'atteindre désormais les coalitions des maîtres comme celles des ouvriers. Elle visa à garantir la liberté d'industrie, à la préserver des écueils qu'elle pouvait rencontrer. c'était là un but élevé et juste. Il fallait l'atteindre et ne pas aller au-delà. Ce but fut cependant dépassé. Dans d'autres dispositions elle frappa non seulement la contrainte morale mais encore des faits qui ne constituaient pas des attentats à la liberté de l'industrie. Elle punit aussi ceux qui refusaient sans motif légitime de travailler avec d'autres ouvriers, ceux qui convoquaient des meetings dans ces vues, qui adressaient des invitations pour en faire partie. Elle prononça même la confiscation et l'amende contre quiconque percevait des cotisations.

C'est dans cet état de la législation qu'intervint la loi de 1824. Elle eut pour but de combattre le système réglementaire, d'assurer la liberté de l'industrie, de la protéger contre les abus, de faire la part de ce qui était permis et défendu au point de vue de cette liberté. Le but de la loi est nettement défini dans le rapport du comité d'enquête qui s'exprimait comme suit : « Non seulement les lois n'ont pas été efficaces pour empêcher les coalitions, mais elles ont eu pour effet de produire une irritation et une défiance mutuelles, de donner un caratère violent aux coalitions et de les rendre éminemment dangereuses. — Les lois qui se mêlent de la fixation des salaires ou des heures du travail doivent être rapportées ; et la loi commune qui interdit les réunions paisibles des maîtres et des ouvriers en les arguant de *conspiracy* doit être réformée. — Il est absolument nécessaire de rendre une loi, qui punisse efficacement après une procédure sommaire, les maîtres et les ouvriers qui, par voie d'intimidation ou de violence, troublent la liberté complète qui doit être garantie à chacun, de faire de son travail ou de son capital l'emploi qu'il juge le plus avantageux. »

Ce fut conformément à ces conclusions que l'acte de 1824 abolit les lois relatives à la fixation des salaires et aux associations des ouvriers. Il ne sévit pas contre les concerts relatifs aux salaires ; il ne frappa que les faits qu'il considérait comme des atteintes à la liberté de l'industrie. En conséquence il punit ceux qui par des violences envers les personnes ou les propriétés, par menaces ou intimidation, s'appliquaient injustement et abusivement à contraindre un autre à rompre des contrats de louage ou à quitter le travail avant le terme fixé, ou avant que la besogne fût terminée. Il sévit encore contre ceux qui occasionnaient du dommage, détruisaient le matériel, des instruments, des machines ou des marchandises. — Le simple empêchement était aussi un délit quand il s'appliquait à l'acceptation d'un emploi ou de l'ouvrage. — La loi réprima les mêmes atteintes quand elles tendaient à faire suivre forcément des règles, des ordres, des résolutions ou des réglements destinés à produire une augmentation de salaire, ou à déterminer les heures de travail et l'étendue de la tâche, ou bien à prescrire le mode d'après lequel la manufacture, le commerce ou l'industrie devaient être dirigés. — La peine était un emprisonnement simple ou avec travail forcé de deux mois au plus. La procédure était sommaire devant deux juges et en dernier ressort. — Il importe de remarquer que la loi punit non-seulement les auteurs des offenses ci-dessus désignées, mais encore les promoteurs et les complices.

L'acte de 1824 contenait des garanties importantes pour la liberté de l'industrie et du commerce. Tout en tolérant les coalitions et les associations de maîtres ou d'ouvriers, il sévissait contre les voies de fait et certains moyens de contrainte morale dirigés contre la liberté d'industrie, et qui s'exerçaient par menaces ou intimidation. Il punissait les auteurs, les promoteurs et les complices. Par suite les mesures illicites étaient frappées non-seulement dans les membres qui proféraient les menaces ou se rendaient coupables d'intimidation, mais dans tous ceux qui participaient à ces faits de la manière indiquée.

L'acte de 1824 donnait cependant lieu à différents reproches fondés.

Il exigeait pour la punition de la contrainte que les violences, les menaces ou l'intimidation dirigées contre le droit du travail, fussent injustes et abusives. Cette dernière condition était contraire aux principes juridiques. Toutes violences, menaces ou intimidations, sont injustes et abusives par cela seul qu'elles sont opposées à des droits. Dès qu'un maître, par exemple, recourt à des violences pour contraindre un ouvrier à quitter son travail avant le terme fixé ou avant que la besogne soit terminée, il y a contrainte morale injuste et abusive. Rien ne peut excuser le maître, pas même l'allégation ou la preuve, que le contrat passé avec son ouvrier doit être résilié comme conclu sous l'action de la contrainte morale, et par suite que le terme fixé doit être considéré comme non avenu. S'il est en droit de demander l'annulation du contrat, il doit recourir aux moyens légaux et respecter les conventions et le droit au travail qui en dérive aussi longtemps que ces conventions existent. Il fallait donc retrancher les mots *injustement et abusivement* qui se trouvaient ajoutés dans la loi aux termes *pour en contraindre un autre à rompre le contrat de louage, ou à quitter le travail, avant le terme fixé ou avant que la besogne soit terminée.*

On pouvait aussi reprocher à l'acte de 1824 d'être incomplet et d'avoir omis bien des faits de contrainte morale contraires au droit ou à la liberté industrielle. L'acte n'avait envisagé la contrainte qu'au point de vue de quelques faits relatifs à la conservation et à la protection des personnes et des biens. Il ne sévissait que contre les menaces et l'intimidation. Il avait perdu de vue d'autres circonstances, d'autres formes sous lesquelles la contrainte pouvait se présenter. Il ne voyait pas que la liberté était entamée par des faits autres que les menaces et l'intimidation. Tout ce qui était de nature à empêcher ou à gêner le travail devait être frappé comme attentatoire à la liberté. Par suite, il fallait sévir contre les attroupements, les amendes, les interdictions, les proscriptions dirigées contre la liberté d'industrie, frapper également les tentatives des délits qu'énumérait l'acte de 1824; ces tentatives étant des commencements d'exécution de ces délits. Il fallait indiquer encore dans le texte de la loi que les coalitions mêmes, c'est-à-dire les associations qui se proposaient d'agir par voie de pression ou de contrainte morale, constituaient en elles-mêmes des associations illicites. Il était surtout nécessaire d'attirer l'attention sur ce dernier point, pour marquer la limite entre les associations prohibées et les associations permises.

Tels étaient les griefs qu'on pouvait articuler contre l'acte de 1824. La loi n'atteignait pas suffisamment la contrainte morale, et laissait impunies dans bien des cas des coalitions dangereuses. C'était aussi à tort qu'elle ne signalait point les coalitions comme des associations illicites.

Le promoteur du bill, Mr Hume, n'était pas parvenu au but qu'il se proposait, à savoir de ne frapper que les associations malfaisantes tout en tolérant celles qui ne pesaient pas sur la liberté industrielle. Ce but était louable, d'accord avec la raison et le droit, et en outre exigé par des événements récents. On venait de punir comme *conspiracy* une coalition de délégués d'ouvriers qui avaient rencontré l'assentiment des maîtres. M. Hume voulait soustraire ces coalitions au coup de la loi pénale. Sous la préoccupation de ces faits, dominé par la crainte de tomber dans l'arbitraire, il ne parvint pas à tracer une ligne de démarcation nette entre ce qui est permis et défendu. Cette omission produisit les résultats les plus déplorables. Les coalitions furent organisées sur une vaste échelle. Elles firent appel aux plus grands crimes, à l'incendie, à l'assassinat ; elles tinrent en échec la force publique et ruinèrent l'industrie. En présence de ces calamités, l'opinion publique réclama vivement la réforme de l'acte de 1824. Celle-ci intervint dès l'année suivante. En 1825 fut portée une loi qui, à notre connaissance, constitue le dernier état de la législation anglaise sur les coalitions.

Cette loi débute par les préliminaires suivants :

« Vu l'*acte* adopté dans la dernière session, qui consacre de nouvelles règles pour protéger le libre emploi du capital et du travail, et pour punir les coalitions qui troublent cette liberté par voie de menace, de violence ou d'intimidation ;

« Vu que les prescriptions de cet acte n'ont pas été efficaces ;

« Attendu que les coalitions sont préjudiciables à l'industrie et au commerce, périlleuses pour la tranquillité du pays, et particulièrement fatales à tous ceux dont les intérêts s'y trouvent engagés ;

« Attendu qu'il est utile de prendre de nouvelles mesures, aussi bien pour la liberté et la sécurité des ouvriers dans l'emploi de leur travail et de leur habileté, que pour la sécurité des maitres. »

Après ce préambule viennent les dispositions de la loi.

Elle punit ceux qui recourent aux violences envers des personnes ou des propriétés, ou à l'intimidation, *la molestation* ou à un *empêchement* quelconque pour contraindre ou *essayer de contraindre* tout journalier, artisan ou ouvrier, ou toute personne louée ou employée dans toute manufacture, tout commerce ou toute industrie, à renoncer au contrat, à l'emploi ou à l'ouvrage, ou à quitter l'ouvrage avant qu'il soit terminé.

Elle sévit encore contre ceux qui empêchent ou *essaient d'empêcher*, par les moyens précédents, les personnes ci-dessus désignées, de passer un contrat de louage d'industrie, ou d'accepter un emploi ou de l'ouvrage. Elle frappe encore ceux qui forcent d'autres à faire partie d'un *club* ou d'une association, à contribuer à un fonds commun, ou à subir une amende ou une clause pénale.

Elle atteint également tout *moyen de contrainte*, et tout acte de violence commis contre ceux qui ont refusé de s'assujétir à certains décrets, préceptes, résolutions ou réglements ayant pour but l'accroissement ou la diminution des salaires, la modification des heures de travail, la fixation de la tâche ou le régime de la manufacture, du commerce ou de l'industrie, la limitation du nombre des apprentis, ou de celui des ouvriers, journaliers, et employés ainsi que la détermination de leur individualité.

La peine est un emprisonnement simple ou avec travail forcé de trois mois au plus. La procédure est sommaire et devant deux juges. On peut assigner les prévenus et délivrer contre eux un warrant. Une condamnation peut intervenir après le serment d'un seul témoin. L'appel devant le jury est admis moyennant deux cautions de dix livres sterling chacune.

Cette loi contient des modifications importantes qui reflètent les principes fondamentaux de la liberté d'industrie. Elle n'exige plus comme l'acte de 1824 que la contrainte soit injuste et abusive. Elle complète cet acte en atteignant les autres moyens de contrainte qui avaient échappé jusqu'alors au coup de la loi. Elle enveloppe dans sa prohibition toute contrainte et même toute tentative de contrainte qui se manifeste non seulement par la violence ou l'intimidation, mais encore par la *molestation* ou *l'empêchement*, pourvu bien entendu qu'elle soit contraire au droit. De cette manière elle semble atteindre les attroupements, les *interdictions*, les *amendes*, les *proscriptions* ou *damnations*.

Elle sévit aussi contre tout moyen de contrainte dirigée contre ceux qui ont refusé de s'assujétir à certains décrets, préceptes, résolutions ou réglements ayant pour but l'accroissement ou la diminution des salaires, etc. Par là elle frappe toutes les coalitions opposées à la liberté des salaires, et notamment celles qui s'appuient sur la résolution de refuser ou de faire refuser le travail, dès que ces coalitions ont reçu un commencement d'exécution. Et en effet, tout commencement d'exécution d'une coalition pareille, est un moyen de contrainte tel qu'il est défini par la loi en question. Supposons que des ouvriers, de concert, prennent la résolution d'amener une hausse des salaires, et décident qu'il faudra tendre à ce résultat, en signifiant au maître qu'ils abandonneront tous ensemble le travail s'il n'accorde pas la hausse demandée. Si ces ouvriers commencent à mettre à exécution leur résolution; s'ils se rendent auprès de leur maître, lui font connaître leurs exigences et opposent à son refus la résolution de quitter tous ensemble le travail, il y aura là, le moyen de contrainte dont traite la loi, contrainte exercée contre quelqu'un qui aura refusé de s'assujétir à certaines résolutions ayant pour but la hausse ou l'accroissement des salaires. Dans l'hypothèse inverse, celle d'une coalition de maîtres, si ceux-ci arrêtent de de commun accord de provoquer l'abaissement des salaires, en refusant le travail à tout ouvrier qui résisterait à la coalition; s'ils portent à la connaissance de leurs ouvriers qu'ils ont décidé tous ensemble d'abaisser les salaires, et si à la résistance qu'ils rencontrent ils opposent leur volonté collective de cesser en même temps le travail, il y aura là un moyen de contrainte contre des personnes qui auront refusé de s'assujétir à certaines résolutions ayant pour but la diminution des salaires. Nous avons insisté sur ces considérations parce qu'en France et en Belgique on croit généralement qu'en Angleterre les coalitions sont autorisées par la loi. La vérité comme nous venons de le voir, est que la loi anglaise tolère les coalitions aussi longtemps qu'elles n'ont pas à se reprocher des moyens de contrainte morale ou des violences. Dès qu'elles recourent à ces moyens, elles sont prohibées et tombent sous l'application de la loi répressive.

Les faits contraires à la liberté de l'industrie sont spécialement énumérés par la loi. Ce sont : les moyens de contrainte dirigés contre une personne pour qu'elle se départisse du contrat industriel, de l'emploi ou de l'ouvrage, ou quitte l'ouvrage avant qu'il soit terminé ; ou passe un contrat de louage, d'industrie, ou accepte un emploi ou de l'ouvrage, ou fasse partie d'un club ou d'une association, ou contribue à un fonds commun, ou subisse une amende ou une clause pénale. Ce sont encore les moyens de contrainte employés contre ceux qui ont refusé de s'assujétir à certains décrets, préceptes, résolutions ou réglements ayant pour but l'accroissement ou la diminution des salaires, la modification des heures de travail, la fixation de la tâche ou le régime de la manufacture ou de l'industrie, la limitation du nombre des apprentis, ou de celui des ouvriers, journaliers ou employés ainsi que la détermination de leur individualité.

Bien que l'acte de 1825 l'emporte sur les lois qui l'ont précédé, il n'est cependant pas à l'abri de la critique.

On peut reprocher à cette loi un vice de procédure à savoir le droit d'appel en l'absence d'un représentant de l'État. Comme les parties sont libres d'exercer ce droit moyennant deux cautions de dix livres sterling chacune, en interjetant appel elles traînent en longueur les poursuites. Pendant ces longues instances elles parviennent à un arrangement qui éteint toute action et soustrait les coalitions à la répression. Dépourvue de sanction pénale, la loi n'est plus de nature à arrêter les coalitions.

Indépendamment de ce vice de procédure on peut encore articuler contre l'acte de 1825 quelques autres griefs qui ne manquent pas de fondement.

Dans sa première disposition, la loi aurait dû être plus précise, plus explicite. Il ne suffisait pas de parler de contrainte morale qui s'exerce par violence, intimidation, molestation ou empêchement. Il fallait déterminer aussi nettement que possible les faits où pareille contrainte morale se rencontrait et se manifestait. Il importe que les lois pénales qui traitent des libertés publiques, qui leur tracent une sphère d'action dans laquelle elles peuvent se mouvoir sans blesser la liberté d'autrui, marquent clairement les limites entre ce qui est permis et ce qui est défendu. C'est surtout dans ces matières qu'elles ne peuvent employer des termes vagues comme les mots *intimidation, molestation* et *empêchement,* au risque de méconnaître les principes élémentaires du droit de punir. Et d'abord, ce droit, comme on le sait, est subordonné à la condition d'un avertissement préalable. La peine ne peut frapper que celui qui n'a pas obéi à un ordre ou à une défense du législateur. Ce serait une iniquité de sévir contre un homme qui n'a pas été averti, et qui n'a pas su ce que la loi exigeait de lui. Dans l'espèce la loi défend l'*intimidation*, la *molestation* et l'*empêchement*. Que comportent ces termes, et quelle est leur signification? Quels sont les faits qui y rentrent? Voilà ce que la loi aurait dû dire et expliquer pour se conformer aux règles que nous venons d'énoncer. Elle devait énumérer les faits les plus usuels qui d'après elle contenaient ces sortes de contrainte, parler par exemple, des attroupements, des interdictions, des amendes, des proscriptions et des damnations dirigés contre la liberté d'industrie. En procédant de cette manière, elle donnait un avertissement clair et précis. Elle obéissait aussi par là à un autre principe du droit pénal. Elle évitait un autre écueil qui se présente en matière de répression, à savoir la confusion entre ce qui est licite et illicite. Quand une loi est indéterminée et obscure, l'interprétation s'en empare et la fait plier aux exigences des circonstances du temps où elle reçoit application. Il arrive ainsi bien souvent que, grâce à cette interprétation éminemment variable, on aille au delà ou en deçà du droit, que la liberté soit entamée et que l'arbitraire règne.

Dans les deux premières dispositions le législateur n'énumère pas tous les faits contraires à la liberté industrielle. Il ne parle que de la contrainte à l'effet de renoncer au contrat, à l'emploi, à l'ouvrage, ou à quitter l'ouvrage avant qu'il soit terminé, ou à l'effet de passer un contrat de louage d'industrie, ou d'accepter de l'emploi ou de l'ouvrage, ou de faire partie d'un club ou d'une association, de contribuer à un fonds commun, de subir une amende ou une clause pénale. La loi oublie de parler de la contrainte qui tend à accroître ou à diminuer les salaires, à modifier les heures de travail, à fixer la tâche ou le régime de la manufacture, du commerce ou de l'industrie, à limiter le nombre des apprentis, des ouvriers journaliers ou employés, ou à déterminer leur individualité.

Dans la troisième disposition on ne trouve pas assez de précision. Le législateur semble s'être proposé de ne pas parler de l'illégalité des coalitions. Bien que le préambule de la loi dise qu'il y a nécessité de punir les coalitions qui troublent la liberté, les textes ne traitent que des personnes individuelles et non pas des coalitions. Ceux qu'ils semblent frapper, ce sont les individus qui font appel à la violence et à la contrainte morale pour imposer certains décrets, préceptes, résolutions, ou réglements ayant pour but l'accroissement ou la diminution des salaires, la modification des heures de travail, etc. etc. En réalité cependant, comme nous l'avons déjà démontré, ce sont les décrets, les préceptes, les résolutions qui sont punis. Car cette contrainte que la loi réprime naît au sein des coalitions. Elle s'exerce et s'exécute par les coalisés. Quand des ouvriers veulent, par exemple, arrêter en commun des mesures pour contraindre leur maître à hausser les salaires en lui opposant le refus du travail, on ne verra pas deux faits séparés, d'abord une coalition ou une résolution pour hausser les salaires, puis une contrainte venant après et s'exerçant par le refus du travail pour forcer le maître à céder à la coalition ou à la résolution prise. Ces deux faits n'émaneront pas non plus de personnes différentes. Il n'y aura pas à distinguer entre celles qui participent à la coalition ou à la résolution et celles qui exercent la contrainte. Lorsqu'une coalition semblable se forme, la contrainte ou le refus du travail est arrêté en commun et fait partie du concert. Dès qu'il y a mise à exécution de la contrainte, celle-ci émane de tous les membres de la coalition, soit que tous agissent personnellement, soit qu'ils agissent par délégués. Nous n'ignorons pas que la loi anglaise telle qu'elle est formulée consacre implicitement tout ce que nous venons de dire et mène au résultat que nous avons indiqué ; mais le résultat que se propose la loi devait être mis en relief. Comme elle visait à punir les coalitions, elle devait le dire d'une manière nette et claire.

On peut se demander aussi, si la loi n'aurait pas dû réprimer les coalitions dirigées contre la liberté de l'industrie avant qu'elles eussent reçu un commencement d'exécution. N'y avait-il pas nécessité d'insérer dans le texte de la loi une disposition qui punissait non-seulement, comme le faisait l'acte de 1825 dans le dernier paragraphe que nous avons mentionné, « tout *moyen de contrainte* et tout acte de violence commis contre ceux qui ont refusé de s'assujétir à *certains décrets, préceptes, résolutions ou règlements ayant pour but l'accroissement ou la diminution des salaires, etc. etc.* » mais frappait encore, avant toute contrainte, les *décrets, les préceptes, les résolutions ou les règlements* ayant pour but de *forcer* cet accroissement ou cette diminution. L'industrie anglaise a pris un essor prodigieux. D'énormes capitaux sont engagés dans bien des entreprises. Des gains considérables sont réalisés. Pour en donner une idée il nous suffira de citer un exemple rapporté par M. Léon Faucher[1] et qui a trait aux bénéfices de certaines industries : en 1860, MM. Hebbert et Platt, mécaniciens, estimèrent leur bénéfice à un million cent vingt-cinq mille francs. Dans ces pays où les profits s'élèvent parfois à un chiffre aussi élevé, les ouvriers cherchent les moyens d'en prendre une part et recourent bien vite à la contrainte morale, à la violence et parfois au crime. Les associations contraires à la liberté se forment et se multiplient, les meetings sont organisés ; les coalitions éclatent en actes de violence ou de contrainte, et portent les plus rudes atteintes aux propriétés, aux personnes, à l'ordre social et à l'intérêt public. C'est là l'histoire de bien des coalitions en Angleterre. Dans ce pays où l'industrie est parfois en proie à l'anarchie, aux excès et aux désordres des coalitions, il semble nécessaire de frapper celles-ci dès qu'elles sont dirigées contre la liberté industrielle et avant toute mise ou

---

(1) *J. des Economistes* t. 30, p. 115. Etudes sur les coalitions des ouvriers mécaniciens.

commencement de mise à exécution. Sans doute il importe de respecter et de protéger les associations d'ouvriers ou de maîtres où se traitent des questions d'intérêt commun relatives à l'industrie. Mais ces associations ne peuvent plus prétendre à la tolérance et à la protection de la loi, dès qu'elles tendent à franchir les limites de leurs droits ou de leurs libertés, à empiéter sur les droits ou la liberté d'autrui. Dès ce moment la loi peut les frapper comme associations illicites, contraires à l'intérêt et à l'ordre publics.

Il est à regretter que le législateur anglais ait perdu de vue l'état industriel de son pays, qu'il n'en ait pas mesuré les exigences et ne se soit pas pénétré des principes qui régissent et limitent le droit d'association. S'il avait puisé à ces deux sources, celle du fait et celle du droit, il aurait sans doute réprimé les coalitions avant tout commencement de mise à exécution. Il aurait tout au moins atteint les coalitions en les déclarant illicites par un texte formel. Le grand avantage qui en serait résulté, c'est que les intéressés auraient vu nettement ce qui était permis et défendu ; où était le droit et l'abus du droit. D'après nous les lois sur les coalitions doivent être claires et complètes. Quand elles remplissent ces conditions, et qu'elles, sont appuyées sur un bon système de procédure et sur l'initiation du peuple aux véritables principes de l'économie sociale, elles sont seules aptes à mettre un terme à ces séditions industrielles qui portent des coups si redoutables au bien-être social et à l'ordre public.

§ 2. Législation française.

En France comme en Angleterre, c'est au système réglementaire des corporations qu'on doit les premières mesures répressives sur les associations et les coalitions d'ouvriers. Différentes ordonnances furent portées dans le but de sévir, dans l'intérêt de l'industrie, contre les ligues formées et les désordres suscités par des ouvriers associés et coalisés.

Vers la fin du siècle dernier la législation sur les associations et les coalitions industrielles revêtit un autre caractère, par suite de la liberté de l'industrie, ou plutôt par la suppression des corporations. C'est de cette législation nouvelle que nous nous occuperons exclusivement.

Dans le préambule de l'Edit de 1776, Turgot disait à la France : « Dieu en donnant à l'homme des besoins, en lui rendant nécessaire la ressource du travail, a fait du droit de travailler la propriété de tout homme, et cette propriété est la première, la plus sacrée et la plus imprescriptible de toutes. Nous voulons en conséquence, abroger ces institutions arbitraires qui ne permettent pas à l'indigent de vivre de son travail, qui éteignent l'émulation et l'industrie et rendent inutiles les talents de ceux que les circonstances excluent d'une communauté, qui surchargent l'industrie d'un impôt énorme, onéreux aux sujets, sans aucun fruit pour l'Etat, qui enfin par la facilité qu'elles donnent aux membres de se liguer entre'eux, de forcer les plus pauvres de subir la loi

8

des plus riches, deviennent un instrument de monopole et favorisent les mesures dont l'effet est de hausser au-dessus de leur proportion naturelle les denrées les plus nécessaires à la subsistance du peuple. »

L'Edit de 1776 portait : Art. 1er « Il sera libre à toutes personnes de quelque qualité et conditions qu'elles soient, même à tout étranger, encore qu'ils n'aient pas obtenu de nous des lettres de naturalité, d'embrasser et d'exercer dans tout notre royaume, et notamment dans notre bonne ville de Paris, telle espèce de commerce, et telle profession d'arts et métiers qui bon leur semblera, d'en réunir plusieurs, à l'effet de quoi nous avons éteint et supprimé, éteignons et supprimons tous les corps et communautés de marchands et artisans, ainsi que les maîtrises et jurandes ; abrogeons tous privilèges, statuts et règlements donnés aux dits corps et communautés, pour raison desquels nul de nos sujets ne pourra être troublé dans l'exercice de son commerce et de sa profession, pour quelque cause et sous quelque prétexte que ce puisse être. » — Art. 14 « Défendons pareillement à tous maîtres, compagnons, ouvriers et apprentis desdits corps et communautés, de former aucune association ou assemblée entre eux sous quelque prétexte que ce puisse être. »

Par ces dispositions qui dissolvaient les corporations et proclamaient la liberté de l'industrie, toutes les associations entre maîtres et ouvriers, même les plus paisibles et les plus inoffensives se trouvaient proscrites. Le législateur ne faisait pas de distinction entre les associations où se traitaient et se débattaient des intérêts communs, et celles qui avaient pour but de porter coup à la liberté de l'industrie et d'agir par violence ou par contrainte. Ce qui le préoccupait uniquement, c'était la nécessité de morceler, de séparer les éléments de ces corporations, de ces sociétés privilégiées unies par les liens les plus solides, d'anéantir ces institutions antiques dont l'origine se perdait dans la nuit des siècles, tenant par des bases profondes au sol français, en possession d'un monopole qui étreignait les professions et les tenait captives et asservies. Il voulait frapper les corporations dans le principe d'association même, dans ce qui faisait leur force et leur point d'appui, dans ce qui semblait être le seul obstacle au développement et à l'essor de la liberté industrielle. Il pensait que les corporations seraient restées de bout, aussi longtemps que le principe d'association aurait été maintenu et qu'il en serait resté quelque vestige.

La réforme de Turgot rencontra une vive opposition. La résistance des corporations fut générale. La loi nouvelle ne put la vaincre. Elle fut suivie d'une autre qui intervint également en 1776 et réorganisa les corporations tout en accordant la liberté à certaines industries. De là un régime intermédiaire entre l'ancien système des maîtrises et jurandes et les innovations de Turgot,

La révolution de 1789 ramena de nouveau les esprits à la suppression des corporations et à la liberté de l'industrie. La loi du 2 mars 1791, tout en s'occupant d'une question de finance, contient cependant des règles relatives à la liberté industrielle.

L'art. 1 proclame la liberté du travail et de l'industrie à la condition de payer patente. L'art. 2, qui a trait à la suppression des maîtrises et jurandes, dit : « A compter de la même époque (1er avril 1791), les offices de perruquier, barbier, baigneur, étuviste, ceux des agents de change et tous autres offices pour l'inspection des arts et du commerce, les brevets et les lettres de maîtrise, les droits perçus pour la réception des maîtrises et jurandes, ceux du collège de pharmaciens, et tous privilèges de profession sous quelque dénomination que ce soit, sont également supprimés. »

Cette loi fut suivie de celle des 14-17 juin 1791, dont voici les dispositions principales : Art. 1er « L'anéantissement de toute espèce de corporation de citoyens du même état et profession, étant une des bases fondamentales de la Constitution française, il est défendu de les rétablir sous quelque prétexte et sous quelque forme que ce soit. » — Art. 2. « Les citoyens d'un même état et profession, les entrepreneurs, ceux qui ont boutique ouverte, les ouvriers et compagnons d'un art quelconque, ne pourront, quand ils se trouveront ensemble, se nommer ni présidents, ni secrétaires, ni syndics, tenir de registres, prendre des arrêtés ou délibérations, former des réglements sur leurs prétendus intérêts communs. » — Art. 4. « Si contre le principe de la liberté et de la Constitution, des citoyens attachés aux mêmes professions, arts et métiers, prennent des délibérations ou font entre eux des conventions tendant à refuser de concert, ou à n'accorder qu'à un prix déterminé, le secours de leur industrie ou de leurs travaux, les dites délibérations et conventions accompagnées ou non de serment sont déclarées inconstitutionnelles, attentatoires à la liberté et à la déclaration des droits de l'homme et de nul effet. Les corps administratifs sont tenus de les déclarer tels. » Nous ajoutons que cet article prononce encore contre les auteurs, chefs et instigateurs qui auraient provoqué, rédigé ou présidé ces délibérations ou conventions, la peine de 500 livres d'amende avec suspension pendant un an de tout droit de citoyen actif et de l'entrée des assemblées primaires. L'art. 5 fait défense à tout corps administratif et municipal d'employer, d'admettre ou de souffrir qu'on admette dans aucuns travaux publics, les entrepreneurs, ouvriers ou compagnons qui provoqueraient ou signeraient de telles délibérations ou conventions, à moins qu'ils ne se fussent rétractés ou qu'ils n'eussent désavoué de pareils actes de leur propre mouvement. Les art. 6, 7, 8, punissent d'une amende de 1000 livres et de trois mois de prison, les auteurs, instigateurs, si à la convention étaient jointes des menaces contre les entrepreneurs, artisans, ouvriers ou journaliers qui viendraient travailler dans le lieu, ou contre ceux qui se contenteraient d'un salaire inférieur. Sont considérés comme perturbateurs du repos public et punis comme tels, ceux qui useraient de menaces ou de violences contre les ouvriers recourant à la liberté accordée par les lois constitutionnelles au travail et à l'industrie. Tous attroupements composés d'artisans, ouvriers, compagnons, journaliers ou excités par eux contre le libre exercice de l'industrie et du travail appartenant à toute sorte de personnes et sous toute espèce de conditions convenues de gré à gré, doivent être dispersés et punis selon la rigueur des lois.

Ces dispositions, toutes dirigées contre l'ancien régime des corporations, se proposaient un double but : frapper directement les corporations dans leur principe vital, dans leur essence, l'association ; et soutenir la liberté de l'industrie ou plutôt la libre concurrence.

Pour empêcher les anciennes corporations de subsister sous un autre nom, elles proscrivaient dans les deux premiers articles les associations les plus paisibles tant entre maîtres qu'entre ouvriers. Elles oubliaient que le droit de s'associer est un droit naturel, indispensable à l'amélioration du sort des ouvriers. Elles ne voyaient pas que ce droit est si fécond, et produit de si beaux résultats notamment en matière d'industrie, qu'en le bannissant le législateur se prive d'un instrument qui agit puissamment sur la civilisation, le bien être et le bon ordre d'un pays. Elles perdaient de vue que les associations industrielles qui ne se manifestent pas extérieurement sont bien difficiles à atteindre ; que les lois qui les prohibent ne parviennent pas à les faire disparaître ; que le seul résultat qu'elles obtiennent est de mécontenter, d'irriter et d'aigrir les masses. Aussi le législateur de 1791 aurait-il sagement agi en ne défendant pas les associations paisibles entre les industriels et les ouvriers. La liberté de l'industrie, la libre concurrence soutenue par le régime politique nouveau, semblait suffire à faire disparaître le monopole ou le privilège des corporations. L'irruption dans une société nouvelle d'industriels nouveaux, nombreux, dégagés des liens et des obligations des corps et métiers, allait détruire tout naturellement l'ancien état de choses. Si le législateur de 1791 avait pesé avec calme ces considérations, il ne se serait pas non plus arrêté à l'art. 4 de la présente loi. L'avénement de la libre concurrence entourée de la protection des lois, ne pouvait pas faire craindre sérieusement, la continuation en fait du privilège des anciennes corporations, au moyen de ligues portant uniquement sur le prix des services productifs ou la fixation du prix des choses. Si de pareilles associations avaient continué d'exister ou s'étaient formées, elles auraient été bientôt dissoutes par la liberté d'industrie, par la libre concurrence, par les offres d'autres industriels. Il ne fallait donc pas se préoccuper de l'ancien régime des corporations, mais seulement de la liberté industrielle et la garantir surtout contre la violence physique et morale. Cette liberté ou plutôt cette libre concurrence protégée et maintenue intacte par la loi, devait nécessairement anéantir les corporations, et mettre fin à tous priviléges et à tous monopoles, par cela seul que la concurrence des offres fait baisser le prix, et rend inutile le refus de quelques industriels de prêter le concours de leur industrie.

Ce que nous venons de dire nous conduit à la seconde

partie de la loi de 1791, celle qui a pour but de protéger la libre concurrence.

En 1791 la liberté d'industrie qui ne venait que de naître, se révélait sous des dehors bien différents de ceux qui la distinguent de nos jours. Opposée au privilége des corporations, elle se réduisait à la libre concurrence. Le but qu'elle se proposait était de soustraire les travailleurs aux exigences et aux prescriptions du régime ancien, notamment en ce qui concerne l'admission au travail et le prix du travail. Elle voulut assurer à chacun le droit au travail moyennant le salaire ou la rémunération qu'il jugeait convenable. Considérée sous ce point de vue politique et social et dans ces limites restreintes, la liberté industrielle devait donner lieu à une législation rigoureuse et étroite. D'une part, il fallait soutenir énergiquement la libre concurrence ou le travail et les salaires libres, et les garantir contre toute atteinte. D'autre part, la loi ne pouvait étendre sa protection au-delà de ce qui constituait à cette époque la liberté d'industrie, c'est-à-dire au-delà de la libre concurrence. Sous l'empire de ces idées, le législateur de 1791 punissait, dans l'art. 6 d'une amende de 1000 livres et de trois mois de prison, les auteurs et instigateurs des délibérations et conventions mentionnées dans l'art. 4, si à ces conventions étaient jointes des menaces contre les entrepreneurs, artisans, ouvriers ou journaliers qui viendraient travailler, ou contre ceux qui se contenteraient d'un salaire inférieur. Comme on le voit, la loi ne frappait point les menaces proférées contre des travailleurs à l'occasion du travail auquel ceux-ci voulaient se livrer ou du salaire qu'ils se proposaient d'abaisser, mais, les conventions et les délibérations où il était question de menaces. Ce qui motivait sa sévérité, ce n'était pas une atteinte portée à la libre concurrence, au droit du travail, à la fixation libre du salaire; c'était un acte préparatoire à cette atteinte. La nécessité de protéger contre les corporations la libre concurrence qui se trouvait encore au berceau, grandissait l'importance et le danger de cet acte préparatoire. De ce fait le législateur passait aux faits d'exécution. Dans l'art. 7, il considérait comme perturbateurs du repos public et punissait comme tels, ceux qui recouraient aux menaces et aux violences contre les ouvriers usant de la liberté accordée par les lois constitutionnelles au travail et à l'industrie. D'après l'art. 8, tous attroupements composés d'ouvriers, compagnons, journaliers, ou excités par eux contre le libre exercice de l'industrie et du travail, devaient être dissipés et punis selon la rigueur des lois. Ces différents faits, menaces, violences, attroupements dirigés contre le droit du travail, constituaient d'évidentes atteintes à la libre concurrence, de véritables moyens de contrainte, et comme tels devaient être réprimés par le pouvoir. Telle est la deuxième partie de la loi des 14-17 juin 1791. Elle trouvait sa justification dans la crainte qu'inspiraient alors les corporations, dans la nécessité de défendre avec énergie la libre concurrence. De nos jours une loi pareille serait en principe repoussée en ce qui regarde son article 6. Le régime des corporations est loin de la France. La liberté a pris définitivement possession de l'industrie. On ne doit plus redouter l'ancien état des choses. Ce qu'il faut craindre, ce sont les abus de la liberté et les empiètements sur le droit d'autrui. La mission du législateur est changée. Il ne lui incombe plus de soutenir la liberté contre le privilége et la puissance des corporations, mais contre les excès mêmes de la liberté. Ce qui lui importe de faire dorénavant, c'est de garantir à chacun le libre exercice de son industrie. De là un nouveau système, s'appliquant non-seulement à la libre concurrence ou aux relations de patrons à patrons, ou d'ouvriers à ouvriers, mais encore aux rapports entre patrons et ouvriers, s'étendant non pas uniquement aux salaires, mais à tous les modes de travail, à l'emploi de tels ou tels ouvriers, ou au nombre de ces ouvriers, à une action libre et sans contrôle de la part des maîtres; et frappant non-seulement certaines espèces de contraintes dirigées contre la liberté, telles que des voies de fait, des menaces et des attroupements, mais encore toutes autres contraintes telles que des défenses, des interdictions, des proscriptions ou damnations émanant de personnes isolées ou réunies en coalition, et notamment les coalitions qui se proposent de refuser ou de faire refuser le travail simultanément.

C'est de ce nouveau régime dont l'expression la plus nette et la plus complète est la loi sur les coalitions du 27 novembre 1849, que nous nous occuperons principalement. Mais avant d'aborder cette loi, nous croyons utile de faire connaître quelques autres dispositions qui l'ont précédée.

La loi des 28 septembre-6 octobre 1791, tit. III, art. 19-20 disait : « Les propriétaires ou les fermiers d'un même canton, ne pourront se coaliser pour faire baisser ou fixer à vil prix la journée des ouvriers ou les gages des domestiques, sous peine d'une amende du quart de la contribution mobilière du délinquant et même de la détention de police municipale s'il y a lieu. — Les moissonneurs, les domestiques et ouvriers de la campagne, ne pourront se liguer entre eux pour faire hausser et déterminer le prix des gages ou des salaires, sous peine d'une amende qui ne pourra excéder la valeur de douze journées de travail, et en outre de la détention de police municipale. » Ces textes ne s'occupent que des coalitions entre maîtres et de celles entre ouvriers des campagnes, et ne traitent que de la baisse et de la hausse des salaires. Ils frappent non pas la contrainte morale, mais des actes préparatoires de cette contrainte, des conventions ou coalitions qui n'ont pas encore reçu de commencement d'exécution. Le but de ces actes préparatoires, c'est-à-dire la contrainte, est indiquée dans la loi par les termes collectifs : « les propriétaires et les fermiers d'un même canton, » et par les mots : « pour faire baisser ou fixer à vil prix, » et « pour faire hausser et déterminer le prix des gages. » On voit que le législateur a voulu parler de faits qui pèsent sur le taux libre des salaires, sur la liberté industrielle. Engagé dans cette voie il aurait dû faire un pas de plus et préciser ces faits, parler par exemple des maîtres qui de concert refusent le travail, des ouvriers qui simultanément quittent le travail, des attroupements qu'on forme, des interdictions, des damnations, des proscriptions qu'on prononce. Complétée de cette manière la loi aurait été plus claire et mieux comprise. On aurait vu immédiatement qu'elle frappait des actes qui préparaient la contrainte morale. Il est incontestable en effet que si des cultivateurs d'un même canton prennent en commun la résolution de faire baisser les salaires en prononçant des amendes contre les ouvriers qui résisteraient à leurs exigences; cette convention sera un acte préparatoire de contrainte morale puisqu'il prépare le refus simultané de donner du travail. Il en est de même des ouvriers, si en vue de faire hausser les salaires, ils prononcent, de concert, des interdictions; cette décision préparera la contrainte consistant dans la prononciation d'amendes ou d'interdictions. L'époque de troubles et de révolution à laquelle intervinrent les art. 19 et 20 susdits, explique suffisamment pourquoi le législateur a vu dans de simples actes préparatoires un danger pour la liberté, et pourquoi il a sévi contre les coalitions dirigées contre la liberté industrielle alors même qu'elles n'avaient pas été suivies d'un commencement d'exécution.

La loi du 23 nivose an II relative aux manufactures de papier *contenait différents articles que nous devons mentionner* : Art. 5 « Les coalitions entre les ouvriers des différentes manufactures, par écrits ou par émissaires, pour provoquer la cessation du travail, seront regardées comme des atteintes à la tranquillité publique qui doit régner dans les ateliers. Chaque ouvrier pourra individuellement dresser ses plaintes et former une demande, mais il ne pourra en aucun cas cesser le travail, si ce n'est pour cause de maladie dûment constatée. » Art. 6 « Les amendes entre ouvriers, celles mises par eux sur les entrepreneurs, seront considérées et punies comme simples vols. Les proscriptions, défenses et interdictions connues sous le nom de damnations, seront considérées comme des atteintes portées à la propriété des entrepreneurs. Ceux-ci seront tenus de dénoncer à l'agent national de l'administration du district, les auteurs ou instigateurs du délit, qui seront mis sur le champ en état d'arrestation. » Cette loi spéciale atteste le progrès. Elle défend aux ouvriers des manufactures de papier de se coaliser pour cesser le travail. Elle leur interdit de prononcer des amendes, des proscriptions, des défenses, des interdictions ou damnations.

Ce qu'elle prohibe en définitive ce sont des moyens de contrainte dirigée contre la liberté d'industrie. Elle punit aussi la contrainte projetée dans un concert ou une coalition. Elle sévit également contre des actes préparatoires de la contrainte. Le seul reproche qu'on peut lui faire c'est de défendre aux ouvriers de cesser le travail si ce n'est pour *cause de maladie dûment constatée. L'ouvrier ne tient à son* maître que par un contrat civil. La rupture de ce contrat n'autorise pas la loi pénale à intervenir alors que cette rupture ne se rattache pas à des coalitions, à des atteintes portées à la liberté. Chaque ouvrier doit avoir la faculté de quitter à son gré le maître chez lequel il travaille, sauf au maître à se pourvoir devant les tribunaux civils. Quand au contraire l'abandon du travail est le résultat d'une coalition, il y a contrainte, attentat à la liberté, et l'abandon doit être puni.

L'arrêté du directoire du 16 fructidor an IV, reproduisit la loi du 29 nivôse an II, et rappela encore des dispositions de la loi des 14, 17 juin 1791.

L'an XI, le 22 germinal, intervint une loi qui devait exercer une grande influence sur la législation future. Le titre 2, intitulé *de la police des manufactures, fabriques et ateliers*, contenait trois articles sur les coalitions. L'art. 6 punissait d'une amende de 100 francs, et s'il avait lieu d'un mois de prison, tout complot entre ceux qui font travailler des ouvriers, tendant à forcer injustement et abusivement l'abaissement des salaires et suivie d'une tentative ou d'un commencement d'exécution. L'art. 7 punissait d'un emprisonnement de trois mois au plus, toute coalition de la part des ouvriers pour cesser en même temps de travailler, interdire le travail dans certains ateliers, empêcher de s'y rendre et d'y rester avant ou après certaines heures, et en général pour suspendre, empêcher ou enchérir les travaux, s'il y avait tentative ou commencement d'exécution. L'art. 8 renvoyait au Code pénal pour la répression du délit de coalition dans le cas où il serait accompagné de violence, voies de fait et attroupements.

C'est à la loi du 22 germinal, que revient l'honneur d'avoir fait passer dans la législation française les véritables règles en matière de coalitions, en exigeant pour qu'il y eut lieu à répression que la coalition tendit à contraindre la liberté, et de plus fut suivie d'un commencement d'exécution.

En principe, la liberté industrielle, a pour limite la liberté d'autrui. L'action individuelle doit être arrêtée quand elle porte atteinte à l'action d'une autre personne. Par suite, il y a nécessité de réprimer toute atteinte, c'est-à-dire toute contrainte dirigée contre la liberté de l'industrie, et obligation de respecter tout fait qui n'entame pas cette liberté. C'est ce que comprit le bon sens pratique du législateur de l'an XI. Il ne parvint pas, il est vrai, à tracer une ligne de démarcation nette entre ce qui est permis et défendu, entre la liberté et l'abus de la liberté. Il ne vit pas toute l'étendue des règles de la matière. Il en eut conscience seulement et les ébaucha dans ses dispositions. Celles-ci ne sont pas parfaites ni complètes. Néanmoins un grand pas était fait, une nouvelle carrière ouverte. Le législateur des époques suivantes n'avait plus qu'à marcher dans la voie qu'on venait de frayer et à continuer l'œuvre commencée.

Comme nous venons de le dire, la loi de l'an XI ne voulait frapper dans les coalitions que la contrainte morale exercée contre la liberté d'autrui. Aussi, la coexistence de deux conditions était nécessaire. Il fallait d'abord que la coalition fut destinée à contraindre la liberté.

Ce n'était qu'alors en réalité qu'il pouvait être question de lésion de la liberté d'autrui, d'atteinte à cette liberté. On ne pouvait pas punir par exemple des ouvriers qui s'associaient ou se coalisaient pour obtenir de leur maître par des démarches paisibles, par des suppliques ou des prières, une augmentation de salaire, et qui repoussaient bien loin toute violence ou toute contrainte morale. Une pareille coalition ne devait pas tomber sous le coup de la loi alors même qu'il y aurait eu des démarches faites et même une mise à exécution complète de la coalition. Dans ces cas il n'y avait que l'exercice du droit naturel d'association. Il fallait ensuite un commencement d'exécution. Par ce fait seul le droit d'autrui était susceptible d'être atteint ou altéré. Ce droit ne pouvait réclamer de protection que lorsqu'il était frappé. Il est vrai que des considérations d'ordre public et d'intérêt social, eu égard à certains faits ou à certaines situations spéciales, pouvaient nécessiter la répression des coalitions indépendamment d'une mise à exécution. Mais à l'époque que nous considérons, cette garantie n'était point exigée par l'état social de la France. Les coalitions n'y étaient pas nombreuses et n'avaient pas donné lieu à des attentats graves contre les personnes et les propriétés.

Il nous reste à voir de quelle manière la loi de l'an XI a formulé ces deux conditions.

La seconde, ne peut provoquer des critiques sérieuses. Le législateur a eu soin de dire de quelle tentative il entendait parler en ajoutant les mots : « ou d'un commencement d'exécution. » Il avait en vue une tentative spéciale, nettement déterminée.

La première, au contraire, donne lieu à des reproches fondés. Les différents modes de contrainte y sont indiqués d'une manière vague et confuse. Ils sont rendus par les expressions « coalitions tendant à forcer injustement et abusivement l'abaissement des salaires;.... pour cesser en même temps de travailler;.... pour interdire le travail;.... pour empêcher de s'y rendre et d'y rester avant ou après certaines heures;... et en général pour suspendre, empêcher ou enchérir les travaux. » Ainsi, au regard du législateur, la contrainte est tout ce qui force, tout ce qui fait cesser, tout ce qui interdit ou empêche. Ces termes sont évidemment trop vagues, et ne peuvent donner aux intéressés une idée claire et nette de la loi. Il aurait fallu autant que possible préciser les moyens de contrainte et parler spécialement des concerts tendant à recourir aux voies de faits, aux attroupements, aux amendes, aux défenses, aux interdictions ou proscriptions, au refus simultané du travail. La loi aurait dû s'abstenir de parler des coalitions tendant à *forcer injustement et abusivement*. Il est certain que tout acte *qui force* ou tout acte de contrainte, est injuste ou abusif. On ne peut distinguer en matière de liberté une contrainte injuste et une contrainte juste, par cela même que la contrainte suppose une violation de la liberté. Si des ouvriers, par exemple, méconnaissant le droit d'autrui, ont recouru à la contrainte pour hausser les salaires, le maître ne sera pas autorisé à contraindre à son tour les ouvriers, à violer les principes de liberté. Ce qu'il devra faire en pareille occurence, c'est dénoncer le fait à qui de droit et faire requérir l'application de la loi. Il n'y aurait pas davantage contrainte juste, si des maîtres prétendaient que d'après des causes générales dont l'ouvrier doit sentir l'influence, il y a lieu à forcer l'abaissement des salaires et s'ils mettaient leurs projets à exécution. Car, indépendamment de ce que ces causes sont difficiles à apprécier et en supposant même qu'on puisse bien les déterminer, les maîtres ne peuvent au moyen d'une violation de la liberté leur faire produire des effets anticipés. On peut ajouter que si elles existent réellement, elles amèneront tout naturellement, en temps et lieu, un abaissement des salaires, comme nous le démontrerons en traitant la question d'économie politique. Au surplus ces mots *injustement et abusivement* se trouvent seulement insérés dans le texte de la loi relatif aux maîtres; par suite ils constituent un privilège et rompent l'égalité qui doit exister entre maîtres et ouvriers. Il est vrai que la contrainte morale dans les coalitions des ouvriers contre les maîtres; est plus dommageable que dans les coalitions inverses. Ainsi, un maître qui est sur le point d'être abandonné par tous ses ouvriers s'il ne leur accorde pas une hausse de salaires, devra arrêter ses travaux et essuyera des pertes considérables s'il résiste à la coalition. S'il défère au contraire à la demande des ouvriers, il subira pareillement un grand dommage, dans la supposition que ses ouvriers soient nombreux. Quel que soit le parti qu'il choisisse, il souffrira des pertes considérables. L'ouvrier au contraire qui se voit refuser le travail, pourra le plus souvent se soustraire à la coalition, en s'établissant dans une autre ville, dans un autre canton, dans une autre province ou dans un autre pays. Il est vrai encore que les coalitions des ouvriers sont plus redoutables pour l'ordre public que celles des maîtres. Mais ces différences dans la nature de la contrainte tendent à justifier des différences dans les peines. Elles ne peuvent aller jusqu'à différencier, comme le fait la loi du 22 germinal, les conditions du délit, et permettre aux maîtres ce qui est défendu aux ouvriers. — La loi est encore défectueuse sous un autre rapport. Elle ne traite principalement que de la contrainte de maîtres à ouvriers et réciproquement. La contrainte d'ouvriers à ouvriers n'est énoncée que d'une manière accessoire dans l'art. 7. Quant à la contrainte de maîtres à maîtres, on ne la voit réglée nulle part. Pour ce qui regarde le but que veut atteindre la contrainte, c'est-à-dire les différentes libertés industrielles, elles sont également indiquées dans la loi d'une manière confuse. Elle parle des salaires, des heures de travail et en général du travail, ou ce qui revient au même de la liberté sous le rapport des salaires, des heures de travail ou du travail en général. Elle aurait dû préciser davantage et parler du travail fait concurremment avec d'autres ou de la libre concurrence, du mode de travail, spécialement du travail au moyen des ouvriers, des instruments, ou pour les salaires, ou pendant le temps qu'on juge convenable.

Le Code pénal de 1810 reproduit à peu près dans ses art. 414, 415, les dispositions de la loi du 22 germinal an XI. Il ajoute à l'amende, à l'égard des maîtres, un emprisonnement de six jours à un mois et fixe le minimum de l'amende à 200 fr. au lieu de 100 francs. Pour les coalitions d'ouvriers il porte à un mois le minimum de l'emprisonnement et punit d'une peine plus forte, d'un emprisonnement de 2 à 5 ans, les chefs ou moteurs de ces coalitions, qui d'après l'art. 416 pouvaient être mis en outre après l'expiration de leur peine, sous la surveillance de la haute police pendant deux ans au moins et cinq ans au plus. La modification la plus importante introduite par le code pénal de 1810, se trouve dans l'art. 416 qui dit : « Seront également punis de la peine portée par l'article précédent et d'après les mêmes distinctions, les ouvriers qui auront prononcé des amendes, des défenses, des interdictions ou toutes proscriptions sous le nom de damnations et sous quelque qualification que ce puisse être, soit contre les directeurs d'ateliers et entrepreneurs d'ouvrages, soit les uns contre les autres. » Comme on le voit, cet article est relatif à la contrainte individuelle. La loi n'y parle plus, comme dans les art. 414, 415, de tendance à la contrainte, de concerts qui se proposent seulement de contraindre, mais de contrainte exercée par le fait de prononcer contre quelqu'un des amendes, des défenses, des interdictions, des proscriptions ou damnations. De là vient qu'il n'y est plus question d'un commencement d'exécution ou d'une tentative, par cela même que les faits ci-dessus repris constituent une mise à exécution complète de la contrainte. Cet article précise aussi davantage la contrainte en énumérant les différentes formes qu'elle peut prendre. Mais tout en ajoutant à l'œuvre du législateur de l'an XI, il semble former une disposition spéciale sans rapport avec les art. 414, 415. Le législateur n'a pas vu qu'en réalité les termes vagues de ces derniers articles, à savoir *forcer*, *faire cesser*, *interdire*, *empêcher*, reçoivent une définition dans l'art. 416. S'il s'était rendu compte de ce point, il est probable que tout en faisant une disposition spéciale pour la contrainte individuelle et en précisant celle-ci, il aurait précisé pareillement dans les art. 414, 415, la contrainte qui s'exerce collectivement par des coalitions.

Nous touchons à la loi du 27 novembre 1849 qui est la dernière rendue en France sur les coalitions. Elle intervint sous la Constitution de 1848 qui dans son article 13 proclamait l'égalité des rapports entre les patrons et les ouvriers. Elle portait les dispositions suivantes : Art. 1 (art. 414 du Code pénal). « Sera punie d'un emprisonnement de six jours à trois mois et d'une amende de 16 à 3000 francs : — 1° Toute coalition entre ceux qui font travailler des ouvriers, tendant à forcer l'abaissement des salaires, s'il y a eu tentative ou commencement d'exécution. — 2° Toute coalition de la part des ouvriers pour faire cesser en même temps de travailler, interdire le travail dans un atelier, empêcher de s'y rendre avant ou après certaines heures, et en général, pour suspendre, empêcher, enchérir les travaux, s'il y a eu tentative ou commencement d'exécution. Dans les cas prévus par les deux paragraphes précédents, les chefs ou moteurs seront punis d'un emprisonnement de deux ans à cinq ans. » — Art. 2 (art. 415 du Code pénal). « Seront punis des peines portées dans l'article précédent, et d'après les mêmes distinctions, les directeurs d'ateliers ou entrepreneurs d'ouvrage et les ouvriers, qui de concert, auront prononcé des amendes autres que celles qui ont pour objet la discipline intérieure de l'atelier, des défenses, des interdictions, ou toutes proscriptions sous le nom de damnations ou sous quelque qualification que ce puisse être, soit de la part des directeurs d'ateliers ou entrepreneurs contre les ouvriers, soit de la part de ceux-ci contre les directeurs d'ateliers ou entrepreneurs, soit les uns contre les autres. » — Art. 3 (art. 416 du Code pénal). « Dans les cas prévus par les deux articles précédents, les chefs ou moteurs pourront, après l'expiration de leur peine, être mis sous la surveillance de la haute police pendant deux ans au moins et cinq ans au plus. »

Comme cette loi se trouve bien expliquée dans les documents de l'époque, c'est-à-dire dans le rapport fait par M. Vatimesnil au nom de la commission chargée d'examiner la proposition d'abrogation des art. 414 et 415 du Code pénal, et dans les discussions législatives auxquelles la loi a donné lieu, nous croyons utile de faire quelques emprunts à ces documents, et d'en reproduire certains passages.

Nous commençons par le rapport de M. Vatimesnil :

« M. Morin avait proposé de modifier les trois articles du

Code pénal dans le sens suivant : 1° il supprimait le mot coalition et y substituait l'expression de convention d'association ; 2° il prononçait les peines contre les auteurs de mesures d'intimidation ou de violence, même indépendamment de toute convention ; il mettait quant à la définition du délit et quant à la peine, les ouvriers sur la même ligne que les patrons. Cette proposition soumise à l'examen du comité des travailleurs devint l'objet d'un rapport qui fut fait le 5 août 1848 par M. Rouher.

« Ce rapport fut suivi d'un projet de loi qui rétablissait le mot coalition, mais qui différait du Code pénal dans les points suivants : 1° le projet s'appliquait aux ouvriers des campagnes aussi bien qu'à ceux des villes ; 2° il introduisait dans l'art. 415 les mots *injustement* et *abusivement* qui figuraient dans l'art. 414, en sorte que sous ce rapport il établissait l'égalité entre les ouvriers et les patrons ; 3° il établissait encore l'égalité quant à la durée de la peine d'emprisonnement ; 4° outre l'emprisonnement il maintenait l'amende contre les patrons et ne la prononçait pas contre les ouvriers ; 5° il établissait une aggravation de peine non-seulement contre les chefs et moteurs, mais encore contre tous ceux qui avaient eu recours à la violence, aux menaces et aux manœuvres frauduleuses ; 6° pour les faits prévus par l'art. 416 il punissait les patrons aussi bien que les ouvriers. Ce rapport comme on le voit, conservait la qualification de délit à la coalition, lors même qu'il n'avait été accompagné ni de violence ni de menaces, ni d'autres faits analogues. Les conclusions de ce rapport furent décrétées en séance publique par l'assemblée constituante qui renvoya le projet au comité de législation. Le 8 décembre suivant, M. Bérenger fit un rapport au nom du comité, et présenta un projet d'après lequel, il n'y avait de peines prononcées qu'autant qu'on avait, ou tenté d'opérer la hausse ou la baisse des salaires, soit par des menaces, violences ou autres voies d'intimidation, collectivement ou individuellement, soit de la part des ouvriers en abandonnant les ateliers, soit de la part de ceux qui les emploient en les renvoyant, sans se conformer respectivement aux délais d'avertissement du congé prescrit par les règlements et par les usages. Une seconde discussion eut lieu dans le sein de l'assemblée et le projet fut renvoyé aux bureaux. Enfin une commission nommée par les bureaux, et qui avait pour organe M. Leblond soumit à l'assemblée constituante un troisième rapport. Le système de M. Leblond était d'accord avec celui de M. Bérenger en ce qu'il ne considérait comme délit le fait de concert formé soit entre les patrons, soit entre les ouvriers, qu'autant que ce fait eût été accompagné de circonstances accessoires. Mais il en différait sous les points suivants : il employait le mot coalition dont M. Bérenger ne s'était pas servi. Les circonstances accessoires admises par M. Bérenger étaient les menaces, la violence, les voies d'intimidation, l'abandon illicite des ateliers par les ouvriers ou leur renvoi illicite par les patrons. D'un côté M. Leblond retranchait cette dernière circonstance ; mais de l'autre il en ajoutait trois savoir : les calomnies, les fausses nouvelles et toutes autres menaces frauduleuses. Ensuite il déclarait qu'aucune condamnation ne pouvait être prononcée, sans que le conseil des prud'hommes ou à son défaut une commission composée d'un égal nombre de patrons et d'ouvriers eût préalablement donné son avis sur le caractère de la coalition. L'assemblée constituante ne discuta pas le projet de M. Leblond. Dans l'assemblée législative MM. Doutre, Benoit, Pelletier, Greppo, Morellet, Fould et Favre demandèrent l'abrogation pure et simple des art. 414, 415, 416. La commission de l'initiative parlementaire, émit par l'organe de M. Emmanuel Arago, l'avis de prendre cette proposition en considération. La commission fut d'avis à l'unanimité qu'on ne pouvait prononcer l'abrogation. Elle se demanda ensuite si les coalitions devaient constituer un délit quand elles n'étaient accompagnées ni de menaces, ni de violence, en un mot d'aucune des circonstances accessoires énoncées dans le projet de M. Leblond. La majorité de la commission décida affirmativement, pour les motifs suivants : « Dans l'état régulier de l'industrie et du commerce, deux éléments déterminent le prix de toute chose y compris le travail. Ces deux éléments sont : premièrement la proportion entre les offres et les demandes, en second lieu la concurrence d'une part entre ceux qui font les offres et ceux qui font les demandes. Quand ces deux éléments de la fixation des prix agissent sans entraves, l'industrie, le commerce, le travail sont libres et les prix s'établissent d'une manière vraie et loyale. Or, les coalitions ont pour effet manifeste de détruire et de modifier les effets de la concurrence et la proportion entre les offres et les demandes. Elles sont donc contraires à la liberté du commerce, de l'industrie et du travail, et par conséquent à la constitution qui par son art. 13 garantit cette liberté. D'ailleurs toute liberté a pour limite la liberté d'autrui et l'intérêt général de la société. »

Le rapport de M. Vatimesnil dont nous avons emprunté les détails qui précèdent, nous fournit encore d'autres données qu'il importe de mentionner. La tentative d'après ce rapport doit être punie : « L'existence seule d'une coalition est un fait de violence morale. Le chef d'atelier qui voit ses ouvriers coalisés dans le but d'exiger une augmentation de salaire, a trop à redouter des suites probables d'un tel pacte qui entraîne presque toujours des désordres matériels, pour conserver la sécurité et la liberté dont tout homme a besoin dans la négociation des conventions. L'existence seule de la coalition, équivaut à une menace d'exercer sur lui une contrainte réelle. Mais ce n'est pas seulement sur lui qu'elle exerce cette contrainte, c'est aussi sur les ouvriers paisibles qui voudraient continuer de travailler à des conditions raisonnables. Ils n'ont pas la liberté morale de rester en dehors de la coalition, et de continuer à fréquenter les ateliers. Lors même qu'on n'a employé envers eux aucun moyen d'intimidation formel, le danger résulte à leurs yeux du fait seul de la coalition, du nombre de ceux qui la composent, de l'agitation qu'elle produit et des passions qu'elle soulève. La coalition constitue par sa nature une menace implicite qui les contraint de s'y rallier. Un faux point d'honneur les y pousse aussi. L'expérience ne permet pas d'élever le doute à ce sujet. Les coalitions portent donc encore à ce point de vue, une grave *atteinte à la liberté* du travail. Sans doute, si la coalition qui tend à déterminer la hausse ou la baisse des salaires est restée à l'état de simple projet, elle ne sera pas punie. Le Code pénal, a très sagement exigé qu'il y eut tentative ou commencement d'exécution. Si la coalition n'a constitué qu'une mauvaise pensée, elle n'entraîne aucune peine. — Quant aux mots *injustement* et *abusivement,* ils n'auraient pas dû être écrits dans l'art. 414. Comment admettre en effet, qu'une coalition, formée entre des chefs d'établissement et ayant pour but l'abaissement des salaires, puisse ne pas être injuste et abusive. Le mot seul de coalition implique l'idée d'un pacte répréhensible. L'article 123 du Code pénal, relatif à la coalition des fonctionnaires publics, définit cette coalition, un concert de mesures contraires aux lois. Et malgré la différence du caractère des personnes, cette définition peut s'appliquer à tous les genres de coalitions. De plus, quand le concert de mesures contraires aux lois a été établi pour forcer l'abaissement des salaires, il est impossible de le justifier. Un tel fait est nécessairement injuste et abusif; car forcer l'abaissement des salaires, c'est produire par un pacte aussi illicite que contraire à l'humanité, un abaissement des salaires qui ne serait pas résulté des circonstances industrielles et de la libre concurrence; d'où il suit que l'emploi des mots *injustement* et *abusivement* choque le bon sens. »

La discussion de la loi fournit quelques éclaircissements que nous ne pouvons passer sous silence, parce qu'ils nous font connaître au juste la pensée du législateur, le sens qu'il attachait au mot coalition, et par suite la limite entre les associations licites et celles qui ne le sont pas.

M. Vatimesnil répondant à une objection de M. Morin dit : « L'honorable M. Morin dit que les ouvriers ne pourront pas se réunir, venir chez leur patron et débattre honorablement avec lui leurs salaires. Pardonnez-moi. Ils le pourront parfaitement, soit en venant tous, soit en nommant des commissaires pour traiter avec leur patron. Pas de difficulté quant à cela. Le délit, aux termes du Code, ne commence que lorsqu'il y a tentative ou commencement d'exécution de coalition, c'est-à-dire lorsque après avoir débattu les conditions, on dit : mais après tout, comme vous ne donnez pas tout ce que nous demandons, malgré l'esprit de conciliation que les patrons dans leur propre intérêt apportent toujours dans ces sortes d'affaires, nous allons nous retirer, et nous allons par notre influence et par des influences qui sont bien connues et qui tiennent à l'identité d'intérêt et à la camaraderie, *nous allons déterminer tous les autres ouvriers des autres ateliers à se mettre en chômage.* C'est là la tentative, c'est là le commencement d'exécution, c'est alors que le délit commence. »

MM. Valette et Wolowski proposèrent de ne frapper les coalitions qu'autant qu'elles auraient un caractère *abusif et injuste.* Ils donnaient à ces termes un autre sens que celui qu'y attache le Code pénal de 1810, et les regardaient évidemment comme synonymes de coalition exerçant une contrainte morale ou une pression. Aussi ajoutaient-ils à l'appui de leur proposition l'exemple suivant : Admettez-vous qu'on puisse punir des ouvriers qui se seraient bornés pacifiquement, légalement, à calculer les salaires qui leur paraissaient devoir leur être donnés, qui les auraient fixés et proposés à leurs maîtres, et qui se seraient retirés paisiblement si leurs maîtres n'avaient pas voulu les leur accorder. Voilà toute la question. — M. Baze repoussa la proposition de MM. Valette et Wolowski. Il soutint que le projet ne punit pas le fait matériel de la coalition. D'après lui, les tribunaux ont trois circonstances à apprécier; d'abord le fait de la coalition; en second lieu la tendance de la coalition qui doit avoir un but mauvais, illicite, celui de *forcer l'abaissement des salaires ou leur renchérissement;* enfin la tentative ou le commencement d'exécution. — M. Vatimesnil de son côté répondit à MM. Valette et Wolowski. Il s'attacha à faire ressortir la pensée de la loi et dit : « Quelle est cette pensée? Elle est dans les deux paragraphes. Pour qu'il y ait délit de coalition répréhensible, il faut qu'il y ait une *pression*. Cette pression qui est exigée lorsqu'il s'agit de la coalition des patrons, elle est exprimée par les mots *forcer* l'abaissement des salaires. Quand il est question de la coalition des ouvriers, *tendant à exercer une pression sur les patrons*, vous n'allez pas retrouver les mots *forcer*, mais des expressions équivalentes, des expressions qui supposent nécessairement une pression. C'est là tout ce qu'il faut. « *Pour faire cesser en même temps de travailler* ; » remarquez, on n'a pas dit pour cesser en même temps de travailler ; c'est là ce qui exprime la pression. « *Empêcher de s'y rendre avant ou après certaines heures, et en général pour empêcher ou enchérir etc.*; » vous voyez, qu'à chaque mot on retrouve la pensée du législateur dans le Code pénal, et la pensée de la commission qui est la même que celle du législateur du Code pénal, c'est toujours d'une *pression* qu'il s'agit. Pourquoi n'a-t-on pas mis le mot *forcer*? C'est que la tournure de la phrase ne le permettait pas. C'est qu'à côté du mot interdire on ne pouvait pas mettre le mot forcer. Il ne fallait pas le répéter plusieurs fois. Il ne s'agit pas de savoir si le terme est identique, mais si le sens est identique. Or, je vous ai démontré qu'il était identique. » Après ces explications la proposition de MM. Valette et Wolowski fut rejetée.

Il résulte incontestablement de la partie de la discussion que nous venons de reproduire, que le législateur a voulu punir, non pas toutes les *associations* des maîtres et des ouvriers qui avaient reçu un commencement d'exécution, mais seulement les *coalitions*, c'est-à-dire les associations accompagnées de *pression*, ou en d'autres termes accompagnées de contrainte morale ou de violence. C'est ce qu'a reconnu surtout M. Vatimesnil, en répondant à M. Morin et à MM. Valette et Wolowski. Dans sa première réponse, celle à M. Morin, où il s'agissait de coalitions entre maîtres et ouvriers, il caractérisait la pression ou la contrainte morale par les mots : *menaces de déterminer les autres ouvriers des autres ateliers à se mettre en chômage*. Dans sa deuxième réponse, celle à MM. Valette et Wolowski, où il était question de coalitions en général, il désignait la pression par les mots : *forcer, faire cesser, interdire, empêcher*. Il est fâcheux que cette pensée du législateur n'ait été dévoilée que dans la discussion de la loi, alors que celle-ci était sur le point d'être close. Si elle avait été connue plus tôt, il est vraisemblable, qu'on aurait tenu à pénétrer davantage cette pensée et à analyser le mot *pression ou contrainte morale*. On aurait vu, que ces termes comprenaient les *violences*, les *menaces*, les *amendes*, les *interdictions*, les *proscriptions ou damnations*, les *attroupements*, le fait des ouvriers de *refuser simultanément* le travail, et le fait des maîtres de *faire refuser le travail*. Par cette analyse, on aurait fait disparaître à la fois, les trois systèmes qui existaient lors de la discussion de la loi, ainsi que les critiques auxquelles cette loi donna lieu. Au moment de la discussion, comme nous l'avons vu plus haut, il y avait trois systèmes en présence (nous ne parlons que de ceux qui maintenaient le délit de coalition).

M. Morin ne voulait punir ce qu'il appelait les conventions d'association, que lorsqu'elles attentaient à la liberté de l'industrie par l'énoncé de mesures d'intimidation ou de violence. Le projet de M. Bérenger était conçu dans le sens de la proposition de M. Morin. Il ne frappait les associations, que pour autant qu'il y eût violence ou intimidation. Le système de M. Leblond, ne parlait pas de convention d'association mais de coalitions. Il exigeait pour qu'il y eût coalition tombant sous le coup de la loi, qu'elle fût accompagnée de violence et d'intimidation ou de certaines autres circonstances accessoires, telles que les calomnies, les fausses nouvelles et toutes autres menaces frauduleuses. Le projet qui suivit le rapport de M. Rouher atteignait au contraire les coalitions qui n'étaient accompagnées, ni de violence, ni de menace, ni d'autres faits analogues. De plus, il ne sévissait contre les coalitions que pour autant qu'elles fussent injustes et abusives. Comme on le voit, les systèmes ne faisaient pas défaut. Il y en avait trois, celui de MM. Morin et Bérenger, celui de M. Leblond et celui de M. Rouher. La commission dont M. Vatimesnil était l'organe, s'attacha à un quatrième système, qui était en réalité celui de M. Rouher, modifié en ce sens que la commission et M. Vatimesnil n'admettaient pas qu'il pût y avoir des coalitions justes ou non abusives. C'est ce système que M. Vatimesnil exprimait dans les termes suivants que nous avons déjà reproduits ci-dessus : « Elle (la commission), se demanda ensuite si les coalitions devaient être réprimées quand elles n'étaient accompagnées ni de menaces ni de violences, en un mot d'aucune des circonstances accessoires énoncées dans le projet de M. Leblond. La majorité de la commission a décidé affirmativement etc.... Dans l'état régulier de l'industrie et du commerce, deux éléments déterminent le prix de toute chose y compris le travail. Ces deux éléments sont, premièrement la proportion entre les offres et les demandes, en second lieu la concurrence d'une part entre ceux qui font les offres et ceux qui font les demandes. Quand ces deux éléments de la fixation des prix agissent sans entraves, l'industrie, le commerce et le travail sont libres et les prix s'établissent d'une manière vraie et loyale. Dans le cas contraire, la liberté de l'industrie, du commerce et du travail, est altérée et les prix demeurent factices. Or, les coalitions ont pour effet manifeste de détruire et de modifier les effets de la concurrence et de la proportion entre les offres et les demandes. Elles sont donc contraires à la liberté du commerce, de l'industrie et du travail, et par conséquent à la constitution qui par son art. 3 garantit cette liberté. » En parlant de la tentative de la coalition, M. Vatimesnil dit encore que « l'existence seule d'une coalition est un fait de violence morale. »

Si le projet de loi avait fait ce que M. Vatimesnil fit plus tard, s'il avait défini la coalition en disant qu'il entendait par ce mot, toute convention d'association, tout concert accompagné de pression ou de contrainte physique ou morale, et par conséquent tout concert avec intimidation, menaces, violence, interdiction, proscription, amendes, attroupements, résolution de refuser ou de faire refuser le travail, les projets de MM. Morin et Leblond auraient nécessairement disparu comme n'ayant plus de raison d'être.

Ce que voulait M. Morin c'était précisément la répression des mesures d'intimidation et de violence. Quant à M. Leblond, il avait des vues pareilles. Son projet ne différait de celui de M. Morin, qu'en ce qu'il employait le mot coalition. Il ne voyait pas, faute d'une définition claire du mot coalition dans le projet de loi, que ce mot supposait et comprenait presque tous les faits attentatoires à la liberté qu'il avait eu soin d'énumérer.

Comme M. Vatimesnil disait bien explicitement, que la commission voulait même frapper les coalitions qui n'étaient pas accompagnées de menaces, de violence et des circonstances accessoires qui se trouvaient énoncées dans le projet de M. Leblond, qu'il ajoutait même que l'existence d'une coalition était un fait de violence morale; en l'absence d'une définition nette du mot coalition, il semblait que la pensée de la commission était d'atteindre même les associations paisibles qui ne se proposaient pas de recourir à la contrainte. M. Morin en fit l'observation pendant la discussion. Il soutint, comme nous l'avons dit plus haut, que les ouvriers ne pourraient plus se réunir, venir en corps chez leur patron et débattre honorablement avec lui leur salaire. MM. Valette et Wolowski pensèrent également que la commission voulait réprimer toute association pareille. Ils firent ressortir l'injustice d'un pareil système. Il est certain que ces protestations n'auraient pas été produites à la tribune, si le projet de loi avait renfermé une définition exacte de la coalition et s'il avait spécifié les différents moyens de contrainte.

L'absence de ces notions dans le texte de la loi est d'autant plus regrettable, qu'une loi obscure et incomplète n'atteint pas le but qu'elle se propose et qu'elle donne lieu à des critiques mal fondées, à des attaques injustes. En matière de liberté surtout, le législateur doit séparer clairement ce qui est permis de ce qui est défendu, et par suite bien définir ce qui est illicite. Mieux vaut en cette matière, donner une définition trop restreinte que trop large, sauf à ajouter à la loi quand la pratique et les faits en auront démontré la nécessité. Une loi qui limite une liberté d'une manière vague et indéterminée, est généralement mal comprise des intéressés. Ils y voient des empiètements sur le domaine de la liberté et les droits naturels. Loin d'y reconnaître une protection, ils n'y trouvent qu'une mesure illégale. Nous croyons qu'il faut attribuer en partie, au vague et au défaut de précision des termes de la loi de 1849, l'impopularité dont elle a été frappée dès son origine. Cette loi dont le principe n'était pas d'origine récente et se trouvait déjà consacré dans les art. 414 et 415 du Code pénal de 1810, cette loi, disons-nous, a été généralement mal interprêtée. La plupart des personnes, même des jurisconsultes, l'ont confondue avec les premières lois sur les coalitions, et par suite n'ont pas cru devoir l'étudier dans les discussions de l'assemblée législative. Il semblerait que pour eux, le rapport de M. Vatimesnil et les débats parlementaires aient été lettres closes. Ils ne se sont pas même rendus compte de ce qui devait principalement fixer leur attention, et ce que M. Vatimesnil appelait une *pression* ou une contrainte morale, pression qui constituait le caractère essentiel des coalitions réprimées par la loi. Parmi les ouvrages qui ont donné des interprétations erronées de la loi de 1849, il faut citer surtout le nouveau Dalloz, v. *Industrie*. Sous la plume de Dalloz, la législation de 1849 s'est transformée de manière à devenir méconnaissable. Après avoir dit qu'on s'était demandé dans quel sens les articles du Code pénal relatifs aux coalitions devaient être modifiés, que trois systèmes étaient en présence, que le premier, qui proposait l'abrogation de ces articles, devait être rejeté, Dalloz ajoute sous le N° 396 « .... Aussi le principal débat fut-il entre ces deux systèmes, c'est-à-dire entre ceux qui voulaient qu'on ajoutât les mots *injustement* et *abusivement* à l'art. 415, et ceux qui voulaient au contraire qu'on les supprimât de l'art. 414. Dans l'un comme dans l'autre système l'égalité était rétablie, mais dans un sens tout différent. Dans l'art. 414 du Code pénal, les mots *injustement* et *abusivement* signifiaient que les coalitions entre les maîtres ne sont punissables, que si en dehors des circonstances qui déterminent la baisse des salaires, les maîtres se seraient coalisés injustement contre les ouvriers pour diminuer les salaires. C'était déférer aux juges une appréciation qui n'est pas de leur compétence, il faut bien le reconnaître. Aussi avait-on proposé de soumettre préalablement la question au conseil des prud'hommes, pour qu'ils eussent à prononcer sur le caractère juste ou injuste de la coalition. Mais c'était établir un conflit de juridiction et puis une confusion d'attributions qui devait faire rejeter cette proposition. Les difficultés d'appréciation firent repousser aussi ce système, et adopter de préférence celui qui supprimait les mots injustement et abusivement de l'art. 414, et assimilait les coalitions des patrons à celles des ouvriers, au lieu d'assimiler, comme on le voulait dans l'autre système, les coalitions d'ouvriers à celles des patrons. Toutefois le système de la loi de 1849 n'est pas tellement absolu que toutes les coalitions tombent indistinctement sous le coup des peines qu'elle prononce. S'il n'y a pas de distinction faite dans le texte entre les *coalitions justes* et les *coalitions injustes,* cette distinction résulte de la discussion de la loi. Tout le monde reconnut en effet, que parmi les coalitions des ouvriers, il peut y en avoir de *justes*. Aussi un patron peut vouloir réduire injustement le salaire de ses ouvriers, et les ouvriers peuvent être forcés pour obtenir de lui justice de recourir à une coalition et de se mettre en grève. Seulement les uns prétendaient que les mots *injustement* et *abusivement* devaient se trouver dans la loi pour que la distinction fut possible, les autres qu'ils étaient inutiles. Les mots *injustement* et *abusivement* furent donc supprimés. » Les réflexions précédentes ne sont certes pas puisées dans le rapport de M. Vatimesnil et dans les discussions de la loi de 1849. Après avoir étudié ces documents il est impossible d'en faire une analyse aussi inexacte. D'après notre auteur, qu'on est accoutumé d'appeler le grand Dalloz, le but de la loi est, de frapper seulement les coalitions injustes, de respecter les coalitions justes, celles par exemple dirigées contre un patron qui aurait injustement réduit le salaire de ses ouvriers. Dans ce cas, les ouvriers seraient autorisés à recourir à une coalition et à se mettre en grève. Si notre auteur avait jeté un coup d'œil sur les discussions parlementaires, il aurait vu que le but de la loi, comme le disait M. Vatimesnil, surtout à la fin des discussions, était de frapper toutes associations accompagnées de *pression* ou de contrainte morale, en un mot les coalitions pures et simples lorsqu'elles étaient suivies d'un commencement d'exécution. M. Vatimesnil a fait ressortir ce principe à différentes reprises. Dans son rapport il rappelait que l'existence seule d'une coalition était un fait de violence morale. Dans ses réponses à MM. Morin, Valette et Wolowski, il disait qu'une coalition commençait dès que les ouvriers menaçaient leur maître « de déterminer tous les ouvriers des autres ateliers à se mettre en chômage », faisant allusion ici au plus puissant moyen de contrainte que les ouvriers puissent employer. Il appelait spécialement l'attention sur la *pression* inhérente à toute coalition réprimée par la loi et démontrait que cette pression était exprimée par les termes du texte de la loi. Nulle part il a été question de soustraire à la répression de prétendues *coalitions justes* (en donnant à ce mot le sens que lui attribue le Code pénal de 1810, comme le fait Dalloz, qui appelle ainsi, par exemple, des coalitions d'ouvriers qui veulent réagir, en se mettant en grève, contre une baisse injuste de salaires provoquée par un maître). M. Vatimesnil, dans son rapport, rejetait bien nettement la distinction faite par le Code pénal de 1810 entre les coalitions justes et les coalitions injustes. Faut-il répéter ce que nous avons déjà transcrit plus haut, et dire de nouveau que M. Vatimesnil s'exprimait comme suit : « Quant aux mots *injustement* et *abusivement*, ils n'auraient pas dû être inscrits dans l'art. 414. Comment admettre en effet qu'une coalition formée entre des chefs d'atelier et ayant pour but l'abaissement des salaires puisse ne pas être injuste et abusive ?... Car *forcer* l'abaissement des salaires, c'est produire par un pacte aussi illicite que contraire à l'humanité, un abaissement de salaires qui ne serait pas résulté des circonstances industrielles et de la libre concurrence ; d'où il suit que l'emploi des mots injustement et abusivement choque le bon sens. » Quant à M. Morin, il ne parlait nullement de coalitions *justes* et *injustes*, en y attachant le sens que donne Dalloz à ces mots. Il ne voulait pas que les ouvriers pussent se coaliser ou agir par *pression* dans certains cas. Il revendiquait seulement pour eux le droit de s'associer paisiblement et de débattre avec leur patron des questions de salaires. Tel était aussi le sens de la proposition de MM. Valette et Wolowski. Elle tendait à exempter de toute peine : « les ouvriers qui se seraient bornés pacifiquement, loyalement, à calculer les salaires qui paraissaient devoir leur être donnés, les auraient fixés et proposés à leur maître, et se seraient retirés paisiblement si leur maître n'avait pas voulu les leur accorder. » MM. Valette et Wolowski, avaient en vue non pas des *coalitions* dans le sens propre du mot, c'est-à-dire des associations qui se proposent d'agir par pression ou contrainte morale, mais des associations auxquelles toute pression ou contrainte était étrangère. Il est vrai qu'ils qualifiaient ces associations de *coalitions justes,* mais c'était à tort, car dans leur pensée ces termes étaient synonymes d'*associations justes.* MM. Valette et Wolowski, pas plus que les autres membres de l'assemblée législative, ne songèrent à laisser impunies des coalitions accompagnées de *pression* quelle que fût la cause qui les eût motivés. — Enfin c'est erronément que notre auteur dit, que lors de la discussion de la loi de 1849, il y avait deux systèmes en présence, l'un qui voulait qu'on ajoutât les mots *injustement* et *abusivement* à l'art. 415, l'autre qui voulait qu'on les supprimât de l'art. 414. Si Dalloz (le grand), avait bien lu le rapport de M. Vatimesnil qu'il pouvait facilement trouver dans un autre Dalloz (périodique), il aurait vu qu'on avait produit trois systèmes sans compter celui de la commission. Il se serait convaincu par l'examen de ces systèmes qu'ils s'appuyaient sur des considérations bien différentes de celles qu'il met en lumière.

Nous sommes entrés dans les détails précédents, pour démontrer par la réfutation d'un ouvrage qui se trouve dans beaucoup de bibliothèques, que l'esprit et la portée de la loi de 1849 ont été étrangement méconnus même par des juristes. Bien que des auteurs tels que Dalloz aient commenté la loi de 1849 avec une grande légèreté, il faut dire cependant que le texte incomplet et obscur de cette loi a contribué à les induire en erreur. De là nous sommes conduits à une autre réflexion : si des personnes qui se consacrent à l'étude du droit, se sont trompées au point d'attribuer à la loi une théorie qu'elle n'a pas voulu consacrer et qu'elle a repoussée au contraire avec force, n'est-il pas clair qu'il y a bien plus de chances d'erreur pour les personnes qui n'ont pas de notion du droit, pour les industriels et les ouvriers. Comment en l'absence d'un texte précis fixant le sens qu'il faut attacher au mot *coalition*, peuvent-ils se rendre un compte exact de ce que défend la loi, et distinguer la *coalition* de *l'association*.

La confusion de ces deux termes nuit à l'effet moral de la loi et la discrédite. Ou bien on s'imagine avec Dalloz qu'une association ou une coalition, pour tomber sous le coup de la loi, doit être injuste et abusive dans le sens du Code pénal de 1810, art. 414, et alors on arrive à des garanties de liberté bien précaires, à une appréciation plus ou moins complète et exacte à faire par les tribunaux des causes qui peuvent exercer de l'influence sur les salaires, causes bien difficiles à découvrir et à apprécier. Ou bien l'on croit avec d'autres jurisconsultes, que toute association ou coalition est frappée par la loi alors même qu'elle ne se propose aucune contrainte, et dans ce cas l'on ne voit plus qu'une atteinte au droit d'association, une lésion d'un droit naturel et constitutionnel. Dans les deux cas, il semble que la liberté est en danger et que la loi loin de la protéger, la menace et l'entrave.

En outre, il est difficile de comprendre les termes vagues de la loi de 1849 et de savoir ce qu'est une coalition *tendant à forcer...*, *pour faire cesser...*, *interdire, empêcher*. Pour en avoir le sens il faut d'abord étudier attentivement le rapport et les discussions qui ont précédé la loi. Il faut ensuite analyser ce que dans les discussions on a entendu par *pression*, et faire un travail dont le législateur lui-même n'a pas mesuré la portée réelle. Il importait également de spécifier dans la loi aussi complètement que possible, les différentes libertés industrielles contre lesquelles la pression ou la contrainte morale pouvait être dirigée.

Après avoir fait la part de la critique, il importe de faire celle de l'éloge. C'est au législateur de 1849, que nous devons l'énoncé de la règle qui régit la liberté industrielle. C'est lui, qui dans les discussions parlementaires, a tracé le premier la ligne séparative entre ce que la liberté permet et ce qu'elle défend, entre le droit et l'abus, entre l'association et la coalition. Cette ligne c'est la pression ou la contrainte morale. Le travail est libre. La liberté du travail n'est pas illimitée. Elle finit là où commence la pression ou la contrainte exercée sur la liberté d'autrui. Les maîtres et les ouvriers peuvent s'associer selon leurs désirs et leurs intérêts. Il leur est permis de chercher dans le droit d'association les moyens d'augmenter leurs salaires ou leurs bénéfices, de diminuer leurs dépenses journalières, de perfectionner leurs facultés intellectuelles et morales. Ce qu'ils ne peuvent pas faire, c'est porter atteinte à la liberté d'autrui au moyen d'une pression ou d'une contrainte morale. Il ne leur est pas accordé de violer cette liberté par des associations dirigées contre elle, c'est-à-dire par des coalitions suivies d'un commencement d'exécution. Telle fut la distinction faite lors de la discussion de la loi, distinction essentielle dont on ne peut trop louer le législateur, parce qu'elle était de nature à faire consacrer désormais nettement par la législation les règles fondamentales en matière de liberté. Il est vrai que déjà la loi du 12 germinal an XI, semblait avoir fait cette distinction. Mais elle était alors bien obscure. Le législateur lui-même ne l'avait comprise que par instinct, et l'effaçait en quelque sorte en la mêlant à des considérations accessoires qu'il aurait dû faire disparaître. Il en fut de même sous le Code pénal de 1810. Ceux qui contribuèrent à faire ce Code ne virent pas toute la portée des dispositions sur les coalitions, parce qu'ils avaient l'esprit fixé sur d'autres circonstances. Voici, par exemple, en quels termes, le rapporteur du corps législatif motivait l'art. 414. « Ceux qui emploient des ouvriers peuvent s'entendre pour opérer l'abaissement injuste et arbitraire des salaires, et vous voyez de suite les fâcheuses conséquences d'un pareil système. Ces utiles collaborateurs de chefs d'entreprises, privés d'une partie du prix raisonnable de leur travail, ne pourront plus pourvoir à leur subsistance et à celle de leur famille, la proportion entre leurs gains et le taux des denrées, étant détruite ; de là mécontentement, dégoût, moins de soins donnés à des choses qui en exigent tant, détérioration dans la fabrication, enfin, peut-être cessation partielle ou même totale du travail. Résultats funestes pour les ouvriers, pour les maîtres eux-mêmes et par contre coup pour l'État dont la principale richesse consiste dans le travail, l'industrie, l'ardeur du perfectionnement, l'activité soutenue de tous ses membres, chacun dans sa profession. » Ce qui distingue essentiellement la loi de 1849 de celles de l'an XI et de 1810, c'est la mise en lumière d'une règle qui jusqu'alors était dans l'ombre, c'est le développement d'un principe qui n'avait été qu'ébauché. Ce principe était destiné à guider désormais les époques suivantes, à servir de fanal dans ces délicates et difficiles matières qui traitent de la liberté du travail et du droit d'association. Il ne s'agissait plus, pour avoir des règles complètes sur cette liberté et ce droit, que de faire passer dans la loi ce qui avait été défini dans les discussions de 1849, et de tirer des déductions des principes consacrés par la loi. On ne peut trop savoir gré au législateur de 1849 d'avoir tenu, tout en donnant satisfaction aux intérêts légitimes, à poser franchement les limites où devaient s'arrêter la liberté, et d'avoir vu que sans ces limites la liberté n'était plus qu'un vain mot. On ne peut se dissimuler qu'il se trouvait dans un temps bien difficile. Il était au lendemain d'une révolution sociale. Des idées exclusives pouvaient l'entraîner à suivre la pente d'une liberté absolue. Bien des voix s'élevaient pour demander l'abrogation des articles du Code pénal sur les coalitions, au nom de la liberté, au nom des misères de l'ouvrier qu'on croyait sacrifié jusqu'à ce jour au capital, à la richesse, à la spéculation. Le législateur ne se laissa pas aller à ces déclamations généreuses il est vrai, mais fausses. Il vit l'erreur, repoussa avec énergie la proposition d'abrogation et resta maître du terrain. Il faut encore louer la loi de 1849 d'avoir apporté des améliorations à la loi de l'an XI et au Code pénal de 1810, en tirant elle-même quelques conséquences du principe qu'elle proclamait. C'est en partant de la règle qu'il fallait toujours frapper dans les coalitions la pression ou la contrainte, qu'elle supprima les mots *injustement* et *abusivement* de l'art. 414 du Code pénal de 1810, et qu'elle ajouta les mots *de concert* à l'art. 415 (416 du Code pénal de 1810).

§ 3. Résumé.

Nous venons de suivre les législations anglaise et française dans leur marche et leur développement.

Sous le régime des corporations, toutes les deux atteignaient seulement les coalitions d'ouvriers.

Sous le régime de la liberté, elles commencèrent par frapper l'abus et le droit, la coalition et l'association, la contrainte et la liberté. Elles finirent par séparer le droit de l'abus, l'association de la coalition, la liberté de la contrainte. Cette dernière seule fut proscrite. — Ces deux législations bien que fondées sur les véritables principes de la matière, furent impopulaires et discréditées. Il leur manquait deux éléments essentiels. Elles n'étaient pas claires ni complètes. On ne comprit pas leur sens réel et leur portée.

L'étude de ces deux législations est d'une grande importance pour la Belgique. Placée entre la France et l'Angleterre, riche comme celles-ci par l'industrie et le commerce, héritière des lois de l'une, dotée d'un régime parlementaire comme l'autre, elle doit recueillir les vérités qu'elles proclament tout en rejetant les fautes qu'elles commettent.

La faute dans l'espèce, c'est le caractère vague et incomplet de leurs lois sur les coalitions.

La vérité, c'est la prohibition de toute contrainte. Cette vérité ressort non-seulement, comme nous venons de le voir, des principes juridiques que nous avons exposés, principes consacrés par la législation anglaise et française, mais encore des exigences de l'ordre social et des règles de l'économie politique. C'est ce qui nous reste à démontrer.

Mais avant d'en venir à cette démonstration il nous importe d'appeler l'attention sur une législation récente et remarquable, celle de la Bavière.

§ 4. Législation de la Bavière.

Une des meilleures lois qu'on puisse citer de nos jours, et qui se rapproche le plus des principes que nous avons exposés, est celle que la Bavière s'est récemment donnée dans son nouveau Code pénal. L'art. 141 de ce Code porte : « Les fabricants, maîtres et autres personnes employant un certain nombre d'ouvriers, qui soit pour contraindre l'autorité à prendre ou à suspendre certaines mesures, soit pour se venger de l'autorité, ou soit pour forcer les ouvriers à exécuter certains faits ou à faire certaines concessions, ont concerté la cessation totale ou partielle des travaux ou des entreprises, et qui nonobstant l'avertissement de l'autorité, persévèrent dans leurs coalitions, seront punis d'un emprisonnement d'un an au plus ou d'une amende de 1000 florins au plus. — Pareillement, les ouvriers et travailleurs qui, dans un des buts indiqués, se sont coalisés pour cesser totalement ou partiellement leurs travaux, seront condamnés à un emprisonnement d'un an au plus. »

Ce texte est court, précis et clair. Il considère les coalitions au regard de l'Etat et des particuliers. A l'égard de ceux-ci (dont nous nous occupons seuls dans notre ouvrage), il rejette la condition à laquelle l'art. 414 du Code pénal français de 1810 subordonnait la répression des coalitions des maîtres. Il n'exige plus pour que ces coalitions tombent sous le coup de la loi qu'elles soient *injustes et abusives*. Il comprend bien qu'en présence d'un texte où se trouve inséré le mot *contrainte*, il n'y a plus lieu de conserver ces qualifications, par cela même que toute contrainte est de sa nature même injuste et abusive et doit être prohibée, quelles que soient les circonstances qu'on considère.

De plus, on ne peut trop louer le législateur bavarois d'avoir signalé, dans le texte de la loi même, le caractère illégal des *coalitions qui recourent à des moyens déterminés* de contrainte morale. Nous avons vu en parlant des législations anglaise et française, que le principal reproche qu'on pouvait leur faire, était de ne pas avoir mis en lumière l'illégitimité mêmes des coalitions auxquelles venait se joindre la contrainte morale. Par suite de cette omission ces deux législations furent impopulaires et ne parvinrent pas à exercer de l'influence et à occuper la place que leur assignaient la raison et le droit. Elles furent généralement regardées comme oppressives, parce qu'on crut y voir un empiètement sur la liberté d'industrie, sur le droit d'association. Le législateur de la Bavière tint à être plus complet. Il déclara illégales les coalitions mêmes qui se proposaient d'en venir à la contrainte morale; et pour mieux fixer l'attention et de ne pas laisser subsister l'ombre d'un doute sur l'illégitimité de ces sortes de concerts ou d'associations, il choisit la contrainte la plus nette, la plus forte, celle qui consiste à cesser les travaux. Il n'est pas besoin d'être jurisconsulte, d'avoir des connaissances de droit, pour comprendre que la liberté de l'ouvrier est atteinte, quand les fabricants ou les maîtres se proposent de lui arracher des concessions en le jetant ou en menaçant de le jeter sans pain sur le pavé, lui, sa femme et ses enfants; il ne faut pas être homme de loi pour voir, que la liberté du maître est en péril, quand les ouvriers s'associent pour faire plier leur maître sous leurs exigences, en lui laissant entrevoir des pertes considérables, même sa ruine prochaine, par la cessation de tout travail. Ce sont là des coalitions qui ne peuvent donner lieu à la moindre discussion. Les maîtres et les ouvriers, au moment où ils forment des coalitions semblables, sont avertis de leur illégalité par le sens commun et en outre par un texte clair et précis de la loi pénale. Pour surcroit de garantie, et pour que les coalisés ne puissent se retrancher derrière aucun prétexte, la loi de la Bavière exige, avant de recourir à la répression, que l'autorité donne encore un avertissement. Mais quand cet avertissement a été donné et que les coalisés persistent dans leurs menées coupables, ils tombent sous le coup de la loi pénale.

Cette loi proclame donc l'illégalité des coalitions dès leur origine; et comme elle a soin de bien spécifier de quelles coalitions il s'agit, qu'elle détermine le genre de contrainte morale qu'elle entend défendre et que de plus elle prescrit un avertissement préalable avant de punir, le principe qu'elle consacre est à l'abri de toute critique et de tout commentaire défavorable.

En procédant de la manière indiquée, la loi pouvait se dispenser d'exiger, comme les lois anglaise et française, une tentative ou un commencement d'exécution. L'avertissement de l'autorité suppose en effet, que la coalition se soit manifestée extérieurement, et par suite, qu'il y ait des faits d'exécution ou du moins de commencement d'exécution.

On comprend au surplus, qu'en Bavière où les coalitions industrielles ne présentent pas tant de danger qu'en Angleterre, en France et en Belgique, le législateur ait pu se borner à sévir contre les coalitions seules qui se basent sur la cessation du travail. La législation de chaque pays doit être modelée sur les exigences des droits mis en péril et le maintien du bon ordre.

CHAPITRE II.

Des coalitions des ouvriers au point de vue de l'ordre public.

Ce serait vouloir démontrer l'évidence que d'essayer de faire voir que l'ordre public est troublé par les coalitions des ouvriers suivies d'un commencement d'exécution, c'est-à-dire suivies de pression ou de contrainte morale ou physique. Comme nous venons de le dire, pareilles coalitions ne sont en définitive que l'exercice de la violence et de la contrainte morale envers le droit et la liberté. En outre, c'est le propre de la violence et de la contrainte, de chercher à briser les obstacles qu'elles rencontrent, et de recourir à tous les excès pour assurer leur triomphe. L'expérience de tous les siècles est là pour attester cette vérité. Quel que soit le pays qu'on considère et le temps où l'on se place, on verra toujours la violence et la contrainte, surtout celle des masses, aboutir aux désordres et même aux délits envers les personnes et les propriétés. C'est principalement en Angleterre que ce fait se manifeste d'une manière éclatante. Le rapport qui précéda l'acte de 1824 sur les coalitions, fit connaître que celles-ci recouraient plus d'une fois à l'incendie, à l'assassinat ; plusieurs personnes avaient été menacées dans leur existence, et la répression était restée impuissante. En 1841, le rapport de la commission chargée d'étudier la cause de la misère des tisserands à la main, dénonça un système de *nuisance* à l'égard de la propriété des patrons et de violence personnelle envers les ouvriers. Il fit voir le pouvoir absolu des *comités* et *les châtiments féroces qu'ils infligeaient; ils ne reculaient* pas devant l'incendie, l'aveuglement par le vitriol, l'assassinat même; ils frappaient dans l'ombre et le crime commis, combinaient les moyens les plus habiles pour échapper au châtiment; en Écosse, en Irlande, la puissance des coalitions était irrésistible; à Dublin, quiconque n'obéissait pas aux *unions* n'était plus sûr de sa vie. M. Léon Faucher dans ses études sur l'Angleterre, rapporte des formules de serments prêtés devant les comités, véritables tribunaux vehmiques: « Je soussigné X..., peigneur de laine, en présence de Dieu tout puissant, déclare volontairement que j'ai l'intention de prêter un appui persévérant à la confrérie charitable connue sous le nom etc.... Je m'engage solennellement, à ne jamais agir en opposition avec la confrérie, dans les efforts qu'elle fera pour les salaires, et à y contribuer au contraire de toutes mes forces dans les mesures de la loi et de la justice; à l'aider dans ses tentatives pour assurer une rémunération légitime au travail. Je prends Dieu à témoin, dans cette déclaration solennelle, que ni espoir, ni crainte, ni récompense, ni châtiment, pas même la mort, ne pourront me déterminer par voie directe ou indirecte, à donner le moindre renseignement sur ce qui se sera passé dans cette loge ou dans toute autre appartenant à la société, et que je n'aurai rien sur papier, bois, table, pierre ou toute autre chose par quoi mes actes puissent être connus, à moins que les chefs de la société ne m'aient autorisé à le faire. Je ne consentirai jamais, à ce que l'argent qui appartient à la société soit distribué, ou qu'il serve à un autre usage, qu'aux intérêts de la société et de l'industrie. — Que Dieu me soit en aide, et qu'il me permette de garder avec fermeté, les engagements que je prends ici solennellement. Si j'en révèle jamais la moindre partie, puisse la société toute entière à laquelle j'appartiens, ainsi que tous les hommes justes, me vouer au mépris tant que je vivrai, puisse ce qui est maintenant devant moi, plonger mon âme dans l'éternel abîme de misère, Amen. » — « Moi X..., devant Dieu tout puissant et devant les témoins ici présents, je jure volontairement d'exécuter avec zèle et promptitude, autant qu'il dépendra de moi, toute tâche ou injonction que la majorité de mes frères m'imposera dans notre intérêt commun, comme de punir les traîtres, d'assassiner les maîtres qui nous oppriment ou qui nous tyrannisent, de démolir les ateliers qui appartiennent à des propriétaires incorrigibles, et de contribuer aussi avec joie à nourrir ceux de mes frères qui auraient perdu leur emploi par suite de leurs efforts contre la tyrannie, ou qui auraient renoncé au travail par suite de résistance à une réduction de salaires. Je jure de plus, de ne jamais divulguer l'engagement que je prends ici, si ce n'est dans les occasions où j'aurai été désigné pour faire prêter le même serment aux personnes qui voudraient devenir membres de notre association. »

CHAPITRE III.

Des Coalitions, des Maîtres et des Ouvriers au point de vue de l'Économie politique.

SECTION I.

PRINCIPES.

Il n'est pas à notre connaissance que, *hors le cas où il est question d'augmenter, de diminuer ou de garantir les salaires,* des économistes aient soutenu la cause des coalitions suivies d'un commencement d'exécution, dirigées contre la liberté industrielle, et organisées par des maîtres contre des maîtres ou par des ouvriers contre des ouvriers, ou par des maîtres contre des ouvriers et réciproquement. Si des maîtres ou des ouvriers recourent à la contrainte morale ou à la violence, pour imposer la loi à d'autres maîtres ou à d'autres ouvriers, contrairement aux règles de la libre concurrence, ils ne trouveront nulle part des défenseurs et des apologistes. Il en serait de même des ouvriers qui voudraient par la contrainte morale ou la violence collective, introduire certains procédés de fabrication ou certaines machines. La mise à exécution de coalitions pareilles rencontrerait une désapprobation générale. Chacun verrait dans ces actes des atteintes à la liberté individuelle, une violation flagrante des droits d'autrui.

Mais lorsqu'il s'agit des salaires, il y a des économistes qui prennent fait et cause pour la contrainte morale, et plaident en faveur des coalitions qui par des grèves, par exemple, veulent amener une hausse des salaires.

C'est là une contradiction manifeste. La liberté de l'industrie comprend aussi bien le droit pour chacun de fixer librement les salaires, que celui de se livrer à une concurrence libre, et de se servir à volonté des procédés de fabrication qu'on juge convenable d'employer. Les coalitions qui veulent par des grèves, c'est-à-dire par la contrainte morale, amener une hausse des salaires, sont aussi illicites que celles qui par des grèves, se proposent d'exclure d'autres ouvriers, ou d'amener l'introduction d'autres machines. Dans le cas de salaires comme dans les autres cas, les coalitions qui en viennent à la contrainte morale sont contraires à la liberté et repoussées par le droit et la législation.

Cette contradiction de certains économistes tient à un manque de réflexion et à des idées de réformation sociale, généreuses il est vrai, mais fausses.

Nous vivons à une époque où les systèmes sociaux abondent. La perfection est l'idéal vers lequel on tend. Le plan du Créateur est refait dans bien des livres et des mondes nouveaux sortent de bien des plumes. Le bien-être matériel préoccupe beaucoup de personnes. L'on voudrait trouver non pas la pierre philosophale, comme aux siècles passés, mais le moyen de procurer à tous les hommes la plus forte somme de bien-être possible. Malheureusement on oublie trop souvent les règles élémentaires du droit et les lois éternelles qui gouvernent la création. On ne voit pas que les améliorations sociales ne sont durables que lorsqu'elles ont pour assises les lois naturelles et sociales, et qu'en réalité il n'y a d'améliorations véritables que celles qui s'appuient sur ces bases.

Parmi les faits à réformer, la question des salaires était surtout de nature à attirer l'attention des penseurs. Il y a dans la société une classe nombreuse de personnes qui vivent misérablement, travaillant beaucoup et gagnant parfois à peine de quoi soutenir leur existence. L'amélioration du sort de l'ouvrier mérite sans contredit une étude sérieuse. Tout homme qui sent et qui réfléchit est porté naturellement à s'en préoccuper et à chercher les moyens de soulager les misères et l'infortune des travailleurs. Pour y parvenir il fallait connaître d'abord le droit et les lois de l'ordre social, et puis, tout en les respectant, chercher des remèdes au mal et des soulagements aux souffrances. Les économistes auxquels nous faisons allusion ne procédèrent pas ainsi. Il leur parut que le capital tenait trop les ouvriers sous sa dépendance, et que ceux-ci n'avaient rien de mieux à faire que de se liguer contre le capital, de chercher à lui imposer la loi par des coalitions et de lui arracher par la contrainte morale la hausse des salaires; étrange doctrine qui méconnaissait non-seulement le droit mais les lois immuables qui dominent l'économie politique et règlent les salaires.

Nous ne reviendrons plus sur les considérations juridiques que nous avons suffisamment développées plus haut. Nous nous contenterons d'opposer ici à ce système les lois économiques qui régissent les salaires.

En dehors de certaines circonstances accidentelles, le taux des salaires est soumis à des règles certaines, de l'aveu des économistes. Ce taux, quand on se place à un point de vue général, dépend du rapport entre l'offre et la demande du travail. L'offre est en raison du développement des valeurs créées ou des capitaux qui sont l'objet du travail. La demande est en raison du nombre des travailleurs. Il est évident que l'augmentation des capitaux industriels exige un plus grand nombre d'ouvriers, et que l'accroissement de la population ouvrière donne lieu à une demande plus considérable de travail. Si donc les capitaux d'un pays augmentent, la demande de travail devient plus forte, les salaires s'élèvent. Que si, au contraire, la population devient plus grande, l'offre s'accroît et les salaires baissent.

Les limites et le cadre de cet ouvrage ne nous permettent pas de traiter des causes qui sont favorables à l'accroissement des capitaux et de celles qui exercent de l'influence sur l'augmentation ou la diminution de la population. Ce sont là des questions du domaine exclusif de l'économie politique et de la statistique. Nous nous contentons de dire qu'il est de l'intérêt des ouvriers que les capitaux se développent librement et que la population ne prenne pas une trop grande extension.

Sous le régime de la liberté d'industrie, la question de la population est une des plus importantes que puisse agiter l'économie politique. Sans entrer dans des considérations qui nous écarteraient de la voie que nous nous sommes tracée, il nous suffira de dire que cette question exerce surtout de l'influence sur le salaires des simples manœuvres. Comme pour cette profession il ne faut pas d'apprentissage, pas de capital, pas de connaissances spéciales, ceux qui s'y livrent sont naturellement fort nombreux et se font une rude concurrence, alors surtout que le chiffre de la population est élevé. Il en résulte que la demande dépasse l'offre du travail et que les salaires descendent parfois au-dessous de ce qu'il faut à l'ouvrier pour se soutenir ainsi que sa famille. Quant aux hommes de métier, ils ressentent moins l'effet d'une augmentation de population ; leur travail demande une certaine préparation et des aptitudes qui ne sont pas données à tous les hommes. De là une concurrence moins grande et par suite des salaires plus élevés. Pour ce qui regarde ceux que nous nommerons des artistes-ouvriers, comme leur métier est pour ainsi dire un art, et que pour s'y appliquer il faut une organisation et des connaissances spéciales, ils ne sont pas nombreux et n'ont pas à subir une grande concurrence quel que soit l'accroissement de la population.

Tels sont les faits certains qui régissent l'offre et la demande et par suite déterminent le taux des salaires. C'est d'une part, l'étendue des capitaux ; d'autre part, le chiffre de la population, chiffre qui se répartit dans les différents métiers d'après le travail préparatoire et les aptitudes spéciales.

Toute théorie qui méconnaîtrait ces faits serait factice et n'aboutirait qu'à la désorganisation et à la ruine de la société, comme nous aurons l'occasion de le démontrer ci-après en parlant des effets des coalitions.

En se tenant à ces faits, pour amener la hausse des salaires, il faut favoriser la production des capitaux, encourager les émigrations, veiller à ce que les ouvriers puissent apprendre un métier, stimuler leur amour-propre et civiliser la classe ouvrière. L'extension des capitaux d'un pays exerce nécessairement une grande influence sur les salaires. On ne saurait trop recommander, aux gouvernements de veiller à cette extension, et aux ouvriers de ne pas oublier, que c'est du chiffre des capitaux que dépend en grande partie l'amélioration de leur sort. Cette vérité a été souvent méconnue. On a bien des fois parlé de la tyrannie du capital, du pouvoir despotique qu'il exerçait sur les travailleurs. De là on a conclu que ceux-ci devaient se coaliser contre lui, et par des ligues résister à ses exigences. Doctrine funeste, fondée sur une fausse interprétation, sur des notions incomplètes d'économie politique, sur l'ignorance de la véritable loi de l'offre et de la demande. Il est incontestable, nous en convenons, que les capitalistes tiennent ordinairement sous leur dépendance la classe ouvrière. Mais cette dépendance tient, non pas à ce que le capital est en quelque sorte un tyran, mais à ce que le rapport entre le capital et la population ouvrière est d'ordinaire en faveur du capital. Il y a moins de capitalistes qui demandent des ouvriers que des ouvriers qui s'offrent à des capitalistes. Les capitaux sont restreints, les ouvriers nombreux, et par suite les derniers sont nécessairement dans la dépendance des premiers. Cette supériorité tient donc non pas à la nature ou à des vices du capital, mais à une question de nombre. Le seul remède à ce mal réside dans le changement de ce nombre, dans l'augmentation des capitalistes, ou, en d'autres termes, dans la production de nouveaux capitaux, ou bien dans la diminution de la classe des travailleurs. Aussi faut-il recommander et protéger les émigrations et les établissements à l'étranger. C'est le moyen de remédier à l'accroissement de la population et d'ouvrir en même temps des débouchés, à l'étranger, à l'industrie indigène. Il est du devoir du gouvernement d'intervenir dans ces questions dans la limite de ses pouvoirs et de ses moyens, de favoriser la création de richesses nouvelles et d'ouvrir hors du pays des issues à la population et à l'industrie. Il ne doit pas borner là sa sollicitude. Il lui incombe de veiller à ce que toutes les aptitudes puissent se produire et se développer dans la classe ouvrière. Comme il a des écoles et des encouragements pour ceux qui veulent étudier les sciences et les lettres, il doit en avoir pour ceux qui désirent s'adonner aux arts libéraux ou aux arts mécaniques ou aux métiers. Plus l'ouvrier est à même de se développer, plus il a de chances de gagner un salaire élevé et d'améliorer sa condition. Il va de soi que les écoles d'arts et métiers ne parviendront pas à faire des artistes ou des hommes de métier de tous ceux qui les fréquenteront, pas plus que les écoles de sciences et de belles lettres ne parviennent à faire des savants et des littérateurs de tous ceux qui assistent aux leçons. Dans toute agrégation ou réunion d'hommes, il y en a qui ne veulent pas ou qui ne peuvent pas se développer, qui ont la volonté viciée ou l'intelligence bornée. C'est là un fait important avec lequel il faut compter et qu'on ne peut pas perdre de vue dans une théorie sur les salaires. En ce qui concerne les individus qui ne veulent pas travailler, on ne peut que les abandonner à leur sort. Leur assurer un salaire serait non-seulement encourager la fainéantise, mais décourager les bons ouvriers. Quant à ceux qui ont peu de moyens naturels, ils sont voués à rester toute leur vie dans une position infime, et à se contenter d'un modique salaire. Pour ces personnes mal loties par la nature, comme d'ailleurs pour tous les ouvriers, il y a cependant une ressource puissante, c'est l'association. Ils peuvent s'unir soit pour louer en commun des habitations, soit pour acheter en commun des provisions de bouche, soit pour se procurer en commun des moyens de distraction, soit pour assurer à leur famille des ressources en cas d'accidents ou de décès prématurés. Parmi les publicistes qui ont fait ressortir l'utilité de pareilles associations se trouve en première ligne M. Théodore Fix. Dans ses observations sur l'état des classes ouvrières, pages 357 et suivantes, il dit : « Les associations entre les ouvriers peuvent avoir un triple but, un but moral et intellectuel, un but économique et un but de prévoyance. — En Angleterre, les associations entre ouvriers pour la récréation et l'étude ont pris une grande extention. Nous trouvons là des *Mechanics institutions* destinées à perfectionner l'instruction technique des ouvriers. Elles sont ensuite un point de réunion pour la lecture et la conversation, et un autre pour la formation de bibliothèques et de collections de tout genre. « On voit au premier abord combien de semblables réunions sont utiles et quel puissant préservatif elles peuvent offrir contre les désordres et les entraînements auxquels les ouvriers sont exposés. Les réunions où l'on trouve outre la lecture, divers moyens d'instruction, adoucissent les mœurs, développent l'intelligence et accroissent par cela même les capacités des travailleurs. Les ouvriers anglais qui appartiennent aux *mechanics institutions* ont en général renoncé au compagnonage, source de troubles, de désordres et de violences... Que dix ouvriers célibataires se réunissent dans la même demeure, qu'ils soient propriétaires de leur mobilier, et ils dépenseront sensiblement moins que dix ouvriers vivant dans des logis éparpillés. Dans certaines villes manufacturières des ouvriers se sont associés, se sont réunis à la même table organisée par les soins d'une personne choisie par eux. On voit sans beaucoup de peine que ce principe peut recevoir des applications nombreuses et variées, et qu'il suffit d'une conduite intelligente pour réaliser de notables économies de tout genre.... Ce qui aggrave la situation de l'ouvrier, c'est qu'il acquiert les objets dont il a besoin en quantité tellement fractionnées qu'il perd tous les avantages qui découlent toujours d'un approvisionnement de quelque importance. Il paie ces quantités infinitésimales quelquefois le double et le triple de ce qu'elles valent réellement; et comme il y a des dépenses qui se renouvellent chaque jour, il se trouve qu'à la fin de l'année il a fourni un bénéfice considérable à la dernière classe des détaillants. Dans un établissement d'Alsace, les ouvriers au moyen d'une retenue, achètent en commun du blé, et la boulangerie qu'ils ont élevée leur fournit ainsi qu'à leur famille d'excellent pain à meilleur marché que celui qu'ils prendraient chez le boulanger. Voilà un genre d'association qu'il est facile de propagér et d'étendre à d'autres consommateurs. De pareils arrangements ont l'avantage de présenter une économie et de soumettre l'ouvrier à une règle et à des habitudes d'ordre qui exercent une salutaire influence sur toutes ses actions. Ils aiguillonnent ensuite son esprit et le portent à rechercher de nouveaux moyens pour améliorer sa condition et pour ne pas payer les profits souvent exorbitants des fournisseurs détaillants. Les associations, qui, nous le répétons, peuvent s'appliquer à la fabrication d'autres objets, établissent ensuite entre les ouvriers une confraternité fort utile aux mœurs. Une gestion de cette nature les familiarise également avec le régime administratif et leur procure des connaissances pratiques qu'ils appliquent ensuite à d'autres transactions. L'association donnera enfin plus de fixité à l'existence de l'ouvrier. Il changera moins souvent de condition et de lieu, et dans l'industrie parcellaire il lui sera plus facile de passer de l'état d'ouvrier à celui d'entrepreneur, parce qu'il se sera fait connaître et que les personnes qui l'entourent auront pu apprécier sa capacité et sa moralité... » A la page 229 le même auteur dit : « Les établissements de prévoyance tiennent à juste titre une large place dans les préoccupations qu'ont fait naître la situation et l'avenir des classes ouvrières. Jusqu'à présent les caisses d'épargne ont le mieux atteint le but qu'on s'est proposé. Elles ont partout donné d'admirables résultats, et, en favorisant l'épargne et la formation des capitaux, elles font germer en même temps des habitudes d'ordre et de moralité chez les classes ouvrières. Les caisses d'épargne, tout en faisant fructifier les sommes qui y sont placées, laissent les dépôts constamment disponibles, et le capital n'est pas aliéné au profit de la masse en cas de mort ou lorsque le déposant interrompt ses versements, comme cela a lieu dans un grand nombre d'institutions de prévoyance. »

Ces considérations résument, croyons-nous, les véritables moyens d'améliorer le sort des ouvriers tout en respectant la loi fondamentale qui régit les salaires, celle de l'offre et de la demande ainsi que les faits d'où dépend cette loi.

Ces faits ont été l'objet des études des économistes. Les plus distingués d'entre eux leur ont reconnu le caractère de faits économiques ou statistiques soumis à des règles certaines. Déjà Adam Smith (L. I. chap. VIII) avait su apprécier plusieurs de ces faits. Il disait que la demande de ceux qui vivent de salaires ne pouvait augmenter qu'en proportion de l'accroissement des fonds destinés à payer des salaires : « Ainsi la demande de ceux qui vivent de salaires augmente nécessairement avec l'accroissement des revenus et des capitaux de chaque pays, et il n'est pas possible qu'elle augmente sans cela. — Ce n'est pas l'étendue actuelle de la richesse nationale, mais c'est son progrès continuel qui donne lieu à une hausse dans les salaires du travail. Les salaires sont les plus élevés dans les pays qui font le plus de progrès, qui marchent avec le plus de rapidité vers l'acquisition de nouvelles richesses. Un salaire qui donne au travail une récompense libérale est à la fois nécessaire et le symptôme naturel de l'accroissement de la richesse nationale ; celui qui ne fournit à l'ouvrier pauvre qu'une chétive existence, est l'indication d'un état stationnaire ; enfin celui qui ne lui donne pas même de quoi subsister et le réduit à mourir de faim signifie que les richesses décroissent avec rapidité. »

Jean Baptiste Say (5me partie, ch. X), s'exprime comme suit : « Pour connaître les lois qui, toutes choses égales, déterminent le taux des salaires, il faut connaître les causes qui influent en temps ordinaire sur la quantité de travail offerte par la classe ouvrière, et sur celle qui est demandée par la classe des entrepreneurs, par la classe consommatrice du travail. La demande de travail dépend, ainsi que nous l'avons déjà observé, de la demande que les consommateurs font des produits du travail. Nous sommes remontés aux causes de cette demande en cherchant les causes qui sont favorables à tous les producteurs quels qu'ils soient et aux producteurs industriels en particulier. — L'offre du travail dépend de la quantité de travailleurs capables d'exécuter chaque espèce de travail. Il faut donc distinguer dans les fonctions de l'ouvrier différentes espèces ou qualités de travailleurs. Il y a le travail du simple manouvrier, celui que tout homme est capable d'exécuter sans aucun apprentissage ou qu'il peut du moins exécuter après un apprentissage fort court et non couteux; comme de piocher la terre, de broyer des drogues, de transporter du mortier. L'offre qui est faite d'un semblable travail s'étend facilement avec la demande qui en est faite. Cette demande peut porter les salaires un peu, mais très-peu au-dessus du taux nécessaire, pour que les familles des ouvriers puissent s'entretenir et se perpétuer; c'est-à-dire du taux nécessaire pour que chaque famille puisse élever jusqu'à l'âge adulte assez d'enfants pour remplacer le père et la mère. Quand les salaires sont un peu au-delà de ce taux, les enfants se multiplient, et une offre plus grande se proportionne bientôt à une demande plus étendue. — Quand, au contraire, la demande de travailleurs reste en arrière de la quantité de gens qui s'offrent pour travailler, les gains déclinent au-dessous du taux nécessaire pour que la classe puisse se maintenir en même nombre. Les familles les plus accablées d'enfants et d'infirmités dépérissent; dès lors l'offre du travail décline; et le travail étant moins offert, son prix remonte. — Vous voyez par là, Messieurs, qu'il est difficile que le prix du travail du simple manouvrier, s'élève ou s'abaisse longtemps au-dessus ou au-dessous du taux nécessaire pour maintenir la classe au nombre dont on a besoin. D'où nous pouvons tirer cette conclusion que le revenu du simple manouvrier ne s'élève guère au-dessus de ce qu'il faut pour entretenir les familles. — Je sais qu'il y a dans les halles, sur les ports, des hommes de peine dont les gains excèdent quelquefois ceux du simple manœuvre; mais remarquons que ce sont des hommes de choix pour la force et l'intelligence, ou la fidélité; ou bien qu'ils ont un monopole, qu'ils forment une corporation, genre d'abus qui retombe toujours sur le consommateur. — Après le travail du simple manouvrier, nous trouvons celui de l'homme de métier, de l'homme qui après un apprentissage plus ou moins long est capable par exemple d'élever un mur d'aplomb, de scier un arbre en planches régulières, d'assembler une charpente, de coudre des vêtements, etc.... Cette espèce de travail est constamment un peu plus chère que l'autre, car il ne suffit pas pour créer un homme de métier, de créer un homme adulte ; il faut de plus que cet homme ait un certain degré d'intelligence et d'adresse, qui, quoique fort ordinaire, ne se rencontre pas généralement chez tous les hommes ; il faut en outre que les familles qui fournissent cette qualité de travailleurs fassent quelques frais d'apprentissage, et par conséquent un peu plus de dépenses pour élever la famille. Si leurs gains ne suffisent pas à cette dépense, on ne trouve bientôt plus assez d'ouvriers de métier, ce qui ferait remonter les salaires à un taux suffisant pour en conserver le nombre. Là où l'on trouve de simples manœuvres pour 30 sous par jour, on ne peut pas se procurer des ouvriers maçons ou menuisiers pour moins de 50. Mais en même temps le salaire des gens de métier ne peut pas s'élever au-dessus d'un certain taux, (comme par exemple le double du salaire d'un homme de peine), parce qu'alors leur classe se recrute aux dépens de cette dernière où il se rencontre toujours de jeunes gens un peu plus intelligents, un peu plus dégourdis que les autres qui ont bientôt fait un apprentissage. — Quand l'état de la Société devient tel qu'elle réclame un peu moins de travail manuel, toutes les classes ouvrières sont en souffrance, avec cette différence que l'homme de métier conserve presque toujours des moyens de subsister dont un simple manouvrier peut manquer tout à fait. Un ouvrier maçon peut faire le métier d'un manœuvre au besoin ; tandis que le manœuvre ne peut pas à l'instant même devenir un maçon. Si même l'homme de métier est forcé de se réduire au rôle d'homme de peine, il s'en acquitte toujours avec un peu plus d'intelligence et de dextérité ; ce qui le fait préférer. Aussi la disette de travail et les souffrances de la classe ouvrière commencent-elles toujours par affecter les simples manouvriers et ceux des ouvriers dont la capacité est la plus ordinaire. Dans une population qui décline, c'est la classe où l'offre des services excède toujours la demande ; c'est celle par où commence la dépopulation. Je répéterai ici une observation que j'ai déjà faite à l'occasion d'une autre classe d'industrieux, c'est que les moyens d'existence des ouvriers ne sont pas une quantité fixe. Il faut plus ou moins de moyens d'existence selon les climats et les mœurs des nations. Un ouvrier de Paris et de Londres périrait de besoin avec ce qui suffit à un ouvrier du Bengale. Et non-seulement il faut à celui-ci moins de denrées alimentaires, moins de vêtements, moins de logement et moins de plaisirs, mais tous ces objets de consommation sont réellement moins chers au Bengale qu'en Europe. — Lors donc que je dis que les salaires des ouvriers ne s'élèvent que jusqu'au point de leur procurer les moyens d'existence, j'ai sous-entendu toujours selon les mœurs du pays qu'ils habitent. Il faut également sous-entendre que c'est dans *l'état naturel et ordinaire*; *car une circonstance extraordinaire fait quelquefois monter les salaires des ouvriers à un* taux fort supérieur à celui que j'assigne ici. Après un grand incendie, un désastre, on est obligé de payer fort cher les ouvriers dont on a besoin pour le réparer. »

M. Léon Faucher, en parlant d'un ouvrage de M. Mac-Culloch [1], rapporte que M. Cobden exprima d'une manière originale les causes qui influent sur l'offre et la demande, en disant que le salaire baissait quand deux ouvriers couraient après un maître, et que le salaire haussait quand deux maîtres couraient après un ouvrier. Puis il ajoute : « Aussi longtemps que le capital et la population marchent de front, qu'ils augmentent ou diminuent dans la même proportion, le taux des salaires reste le même. C'est seulement quand le rapport du capital à la population vient à changer que le prix du travail subit une augmentation ou une diminution correspondante. Le bien-être et le confort des classes laborieuses dépendent donc du rapport que garde leur accroissement avec celui du capital qui sert à les occuper et à les nourir. Si elles se multiplient plus rapidement que le fonds des salaires, le prix du travail sera réduit. Ce prix s'élèvera si leur multiplication est plus lente que celle de la richesse qui les défraie. Il n'y a pas d'autre moyen pour élever les salaires que d'accélérer l'accroissement du capital par rapport à la population ou de retarder l'accroissement de la population par rapport au capital. Telle est la formule de l'inflexible loi qui règle le taux des salaires et par conséquent le sort des classes laborieuses. »

(1) *Journal des économistes*, t. 31, p. 386.

SECTION II.

DES COALITIONS AU REGARD DES PRINCIPES DE L'ÉCONOMIE POLITIQUE.

Nous venons de voir que les salaires dépendent de lois économiques, incontestables, et qui se résument dans les mots *offre et demande*. Toute mesure dirigée contre ces lois pour empêcher qu'elles produisent effet, est donc contraire à l'économie sociale et ne peut que la troubler. Or, les coalitions se proposent précisément de porter atteinte à la loi de l'offre et de la demande, ou plutôt aux faits économiques qui la régissent. Elles visent à empêcher les effets naturels et réguliers de ces faits. Elles sont dirigées contre ce qu'elles appellent la tyrannie du capital, s'appuient sur la contrainte pour la combattre avec avantage, et cherchent dans la violence morale le moyen de résister à l'empire des faits économiques. De là l'illégitimité des coalitions au regard de l'économie sociale. Nous pourrions répéter ici ce que nous avons dit des coalitions en parlant de la question de droit. Dans un pays où les coalitions sont fréquentes et produisent des secousses profondes dans l'industrie, l'existence seule d'une coalition serait un danger pour la société, et devrait être réprimée avant tout commencement de mise à exécution. Dans les États au contraire où elles ne présentent pas ces caractères, on pourrait se contenter de sévir contre les coalitions suivies d'un commencement d'exécution. Ce n'est en effet que par l'exécution qu'il y a pression ou contrainte morale et trouble à la loi de l'offre et de la demande.

Il est étonnant que ces vérités aient été perdues de vue par bien des économistes. On ne comprend pas qu'à notre époque où l'on reconnaît généralement les vices du système règlementaire, des hommes spéciaux aient cependant accordé un bill d'indemnité aux coalitions suivies d'un commencement d'exécution, c'est-à-dire aux associations accompagnées de pression ou de contrainte morale. Des motifs analogues à ceux qui avaient fait repousser le régime des règlements de l'État, devaient faire secouer le joug de coalitions pareilles. Comme le taux des salaires dépend de certains faits économiques et statistiques, il échappe à une réglementation quelconque, soit qu'elle émane de l'État, soit qu'elle vienne de particuliers isolés ou réunis en coalition. L'État et les coalitions, l'un au moyen du pouvoir dont il dispose, les autres par une pression énergique à laquelle elles font appel, pourront certes parvenir à fixer parfois les salaires soit au-dessous soit au-dessus du taux qui détermine le cours régulier des faits. Mais cette fixation qui ne repose que sur une volonté arbitraire, sera factice, en opposition avec les lois économiques et statistiques et par suite des plus nuisibles. Quelles que soient les lumières et l'intelligence d'un souverain, les capacités de ses ministres et des commissions qui l'inspireraient, il sera impuissant à régler les salaires sans troubles graves pour l'industrie, le commerce et l'agriculture. S'il en est ainsi des règlements de l'État, c'est-à-dire de ceux qu'inspire l'intérêt, le bien-être général, que dire de la règlementation des coalitions qui est le produit de la contrainte morale et de l'intérêt privé. Sous une pression pareille, les salaires oscillent, baissent ou montent d'après le degré et la nature de la contrainte morale et l'énergie des pressions et des intérêts des maîtres ou des ouvriers. Les injonctions des coalitions, à la différence de celles des règlements de l'État, sont de nature à livrer l'industrie en proie à l'anarchie, à allumer la discorde et la guerre entre patrons et ouvriers ; de sorte qu'en réalité prôner les coalitions, c'est élever sur le pavois, la contrainte morale et la force, sans profit pour personne pas même pour les maîtres et les ouvriers, au détriment de l'intérêt privé et du bien-être social.

Comment ces réflexions n'ont-elles pas frappé tous les esprits qui se sont occupés des coalitions : comment n'ont-ils pas aperçu les exigences des lois et de l'ordre public. Il semble que quelques penseurs entraînés par des idées de liberté et d'association ont voulu remonter le cours des siècles et se modeler sur ces associations antiques qui n'avaient pour règle de conduite que leur volonté, pour mobile que leur intérêt et pour devise que la force. Il est vrai que ces penseurs ne s'adressent pas à la violence physique et que celle-ci est l'œuvre des coalitions qui y recourent après avoir inutilement employé la contrainte morale. Mais cette contrainte même est dans l'ordre moral un acte de violence. Peu importe le nom et les apparences dont on décord la violence pour la rendre moins repoussante et lui donner droit de cité. La violence morale n'est pas moins contraire aux lois que la violence physique. Les effets n'en sont pas moins désastreux. Elle en a tous les vices avec la franchise en moins. Anciennement la violence apparaissait ouvertement, au grand jour. Aujourd'hui elle se déguise et se cache. On parvient à violenter des négociants ou des ouvriers sans coup férir et dans l'ombre par la contrainte morale des coalitions.

Il est vrai que les coalitions des maîtres relatives aux salaires sont souvent motivées par une diminution de capital, par un état précaire de l'industrie. Dans ces circonstances bien que la cause de l'association puisse être justifiée, la contrainte morale à laquelle elle fait appel ne doit pas moins être blâmée. Ou bien elle est de nature à faire baisser les salaires au-dessous du taux que déterminerait la liberté de l'offre et de la demande, et dans ce cas elle empire le sort des travailleurs; ou bien elle s'arrête par hasard au taux qu'aurait amené plus tard le cours régulier des faits, et alors encore elle crée un état factice, artificiel, contraire à l'état économique actuel, et fait essuyer aux travailleurs une perte pendant le temps qu'il aurait fallu pour amener le nouveau taux des salaires. Dans tous les cas elle constitue un expédient des plus dangereux en ce qu'il deviendra une arme pour les ouvriers qui opposeront coalitions à coalitions, contrainte morale à contrainte morale. Il se pourrait d'ailleurs que des maîtres se coalisent pour exploiter la situation malheureuse des ouvriers, pour spéculer sur leurs misères et réduire les salaires au-dessous du stricte nécessaire. Des procédés pareils blesseraient non-seulement tous sentiments humains mais seraient essentiellement contraires à l'intérêt des maîtres et au bien-être social. C'est cet état de choses, qu'avait en vue le rapporteur de l'art. 414 du Code pénal de 1810, quand il disait : « Ceux qui emploient des ouvriers peuvent s'entendre pour opérer l'abaissement injuste et arbitraire des salaires, et vous voyez de suite les fâcheuses conséquences d'un tel système. Ces utiles collaborateurs de chefs d'entreprise privés d'une partie du prix raisonnable de leur travail ne pourront plus pourvoir à leur subsistance et à celle de leur famille, la proportion entre leurs gains et le taux des denrées étant détruite ; de là mécontentement, dégoût, moins de soins donnés à des choses qui en exigent tant, détérioration dans la fabrication, enfin peut être cessation partielle ou même totale du travail. Résultats funestes pour les ouvriers, pour les maîtres eux-mêmes, et par contre coup pour l'État, dont la principale richesse consiste dans le travail, l'industrie, l'ardeur du perfectionnement, l'activité soutenue de tous ses membres chacun dans sa profession. »

Les coalitions des ouvriers éclatent d'ordinaire quand l'industrie est le plus en activité, quand les commandes sont nombreuses et que la cessation du travail occasionnait un grand dommage aux maîtres. On les voit aussi se former, par suite de la division du travail, parmi les ouvriers dont le travail est indispensable à la tâche accomplie par d'autres ouvriers. Différents publicistes ont fait l'histoire des coalitions qui ont eu le plus de retentissement et ont produit le plus de désastres. Il ressort de cette histoire que ce n'est pas le besoin mais la spéculation qui pousse le plus souvent les ouvriers à se coaliser. Ils spéculent, soit sur la gêne où se trouverait leur patron s'il était privé du secours de ses ouvriers, soit sur la nature même du travail auquel ils se livrent et d'où dépend d'autres travaux. Aussi les coalitions des ouvriers ont-elles communément un caractère plus répréhensible que celles des maîtres. On s'est plu parfois à les représenter comme des luttes dans lesquelles le travailleur dispute sa vie au capital, comme une nécessité à laquelle doit recourir l'ouvrier pour assurer sa misérable existence. C'est là le plus souvent une esquisse de fantaisie, contraire à la vérité. On ne voit pas les coalitions parmi les manouvriers c'est-à-dire parmi les personnes dont le salaire suffit à peine pour élever une famille, mais chez les hommes de métier, chez ceux qui sont le mieux rétribués. Dans l'industrie parcellaire, quand ces hommes se mettent en grève, ils réduisent à l'inaction et privent de leurs salaires bien d'autres ouvriers qui ne demandent qu'à continuer leur travail. Il est arrivé plus d'une fois qu'une soixantaine de fileurs par exemple, jetaient sans pain sur le pavé sept à huit cents personnes occupées dans une filature. L'histoire des coalitions en Angleterre nous retrace plus d'une fois des faits pareils. M. Léon Faucher dans un article remarquable sur les coalitions des ouvriers mécaniciens en Angleterre (*Journal des économistes*, t. 30, p. 113), met en relief les effets funestes des grèves des mécaniciens. Voici un des passages que nous en détachons : « La fabrication des machines est l'industrie par excellence. Les ateliers fournissent les moteurs et les instruments à tous les autres ; et quand elle s'arrête, ou qu'on l'arrête, toutes les manufactures ne peuvent manquer d'éprouver bientôt un temps d'arrêt. Il dépend de quelques milliers d'hommes, en se croisant les bras, de paralyser du même coup l'activité nationale, la filature et le tissage, l'extraction des combustibles, le travail des métaux, la production de la vapeur, l'exploitation des transports ; en un mot l'industrie et le commerce, la navigation et les chemins de fer, tout peut être alors frappé d'immobilité. En enchaînant la puissance mécanique dans ce monde de merveilles, on fait cesser le mouvement.... Les ouvriers mécaniciens tiennent dans l'industrie des machines la même place que les fileurs occupent dans la manufacture de coton. Lorsque ceux-ci font grève, ils réduisent du même coup à l'inaction les rattacheurs, les cardeurs ainsi que les tisseurs, et laissent le capital sans emploi sous la forme de machines et de matières premières. Les ouvriers mécaniciens dominent le travail des forgerons et des menuisiers et dans une certaine mesure celui de tous les ouvriers en fer. »

M. Léon Faucher ajoute : « L'interruption du travail dans une industrie qui augmentait la richesse et la force du pays doit être une calamité publique. » Et en effet les grèves d'une catégorie d'ouvriers coalisés, par suite de l'enchaînement qui existe entre les différents travaux, privent de leur salaire non-seulement les coalisés mais bien d'autres encore qui voudraient travailler ; elles diminuent le capital social et partant font baisser les salaires; elles occasionnent parfois la ruine des industriels et même la cessation et la mort de certaines industries. D'après O'Connell elles expulsèrent l'industrie de Dublin et des autres villes de l'Irlande. L'impression sur calicots de Bedford fut détruite. Plus de cent familles furent réduites à la mendicité. Dublin perdit un demi-million de livres sterlings de salaires par année. Les coalitions en outre en arrêtant la production augmentent le prix des produits industriels. De cette manière chaque consommateur se trouve atteint dans ses intérêts en payant ces produits plus cher. Ce renchérissement est surtout déplorable quand il s'agit d'objets que consomment journellement les prolétaires ; la condition de ceux-ci se trouve empirée et leur misère devient plus grande. Nous ne saurions trop appeler l'attention des gouvernements sur cette face importante de la question des coalitions. Les hommes d'État se sont préoccupés beaucoup depuis quelque temps des moyens de nourrir et de vêtir à meilleur marché les classes nécessiteuses. Des réformes ont été accomplies. Dans notre pays les octrois ont été abolis. Nous ne prétendons pas aujourd'hui juger cette réforme au point de vue de l'économie politique. Il faut attendre de l'avenir un jugement sur cette question importante. Il nous suffira de faire remarquer que le capital retiré par les villes des objets de consommation n'était pas perdu. Il pouvait revenir aux classes laborieuses sous la forme de salaires par la construction de monuments publics, aux classes nécessiteuses sous la forme de secours par la création d'œuvres de bienfaisance. Les fonds qui provenaient des octrois n'étaient pas inefficaces, pas plus que l'eau retirée des sources par les phénomènes météorologiques et qui retombe sur la terre en rosée. — L'effet des coalitions est bien différent. Elles donnent lieu à une hausse des objets de consommation sans aider à la formation d'un capital nouveau. Par les octrois il y avait déplacement, par les coalitions il y a perte du capital. Il est à regretter que cette différence essentielle indépendamment des autres que nous avons déjà eu l'occasion de signaler, ait échappée à bien des intelligences d'élite? De là est arrivé que par une singulière contradiction on abolissait les octrois au nom de l'intérêt et du bien-être social, tandis qu'à la même époque on proposait l'abrogation du principe du Code pénal de 1810 sur les coalitions!

Il n'est pas sans intérêt non plus de s'arrêter un moment aux effets des coalitions des ouvriers relativement à ceux qui y ont participé. Par là nous achèverons de démontrer que les coalitions sont des calamités non-seulement pour tous les membres de la société, mais pour les coalisés mêmes.

Quand on intérroge l'histoire des coalitions on voit qu'elles se sont terminées presque toujours par des échecs et par la baisse des salaires. M. Wolowski dans un article sur les coalitions anglaises (*Revue de législation*, 1851, t. 2, p. 147) écrit à ce propos ce qui suit : « Les coalitions ont presque toujours échoué, ou bien elles ont tué l'industrie comme à Dublin et à Norwich. Le spectacle donné par les coalitions anglaises est d'autant plus décisif que rien ne leur a manqué, ni la force, ni le dévouement, ni l'énergie, ni la persévérance. La stratégie la plus habile, la résignation la plus grande, la hardiesse s'élevant jusqu'à l'audace, la résolution poussée jusqu'au fanatisme et l'obéissance la plus aveugle à des ordres savamment combinés, des ressources immenses, une autorité sans rivale, une puissance écrasante, tout a été ruiné et tout a échoué contre les immuables lois de la production. Ce qui est plus remarquable encore c'est que l'expérience a profité là où les mesures rigoureuses avaient échoué, où l'autorité tutélaire des lois avait été méconnue, la raison a fini par étendre son empire sur les masses. — Les anciennes corporations se fondèrent à une époque d'ignorance et d'arbitraire pour suppléer au défaut de lumière et de sécurité. Elles eurent leur raison d'être, et rendirent des services véritables tant que subsistèrent les causes qui les avaient fait naître. Plus tard devenues inutiles et oppressives, elles se transformèrent en instruments de privilège et de fiscalité ; elles ne pouvaient que disparaître. — Les coalitions ont essayé de faire revivre le mauvais côté des corporations, c'est-à-dire l'esprit d'exclusivisme et de contrainte. Elles ont pu cependant ne pas éveiller d'abord la même défiance et la même répulsion : car le but qu'elles se proposaient était de nature à leur concilier une sorte de sympathie instinctive. Ce but était la hausse des salaires et en général l'amélioration du sort des ouvriers, moyen mal choisi. — Ceux qui ont été engagés dans une conspiration industrielle ont beaucoup souffert matériellement, beaucoup perdu en sacrifiant leur liberté individuelle à un point que le despote le plus raffiné n'a jamais atteint, et en sacrifiant toutes les lois de la justice et de l'humanité. — L'effet des coalitions a presque toujours été l'inverse de celui qu'elles ont poursuivi. Elles ont amené l'abaissement des salaires et la détérioration du sort de ceux qui ont participé et de beaucoup d'autres par contre coup. »

Plus loin le même écrivain insiste sur la nécessité de protéger la liberté du travail et dit : « Respecter la propriété des forces et de l'habileté individuelle est la première condition de l'état social. Le droit de l'ouvrier est d'employer cette propriété de la manière qu'il croit la plus avantageuse, autant que cela ne nuit point à un pareil exercice du droit d'autrui ; c'est le principe le plus sacré entre ceux que la protection des lois doit couvrir. Le devoir de l'Etat est de la préserver de toute atteinte, de protéger la liberté contre des influences irrégulières, ainsi que le dit l'économiste américain Carey : « Il résulte un grand « défaut de sécurité d'une mauvaise entente des obligations

« et des devoirs. Chaque membre de la société réclame pour « lui-même le droit de débattre la valeur de son propre « travail. Mais en même temps beaucoup sont disposés à « oublier qu'à ce droit correspond le devoir de respecter « chez les autres l'exercice d'une faculté pareille. » L'auteur termine en démontrant que dans un meeting, des ouvriers eux-mêmes ont condamné les coalitions : Un ouvrier fileur, M. Samuel Hill, a dit : « Après avoir rendu justice « aux maîtres on me permettra aussi de parler des ouvriers. « Lorsque les fabricants proposèrent de réduire les salaires « en 1840, les ouvriers ne se mutinèrent pas et ne refu« sèrent point de travailler. Non, grâce au progrès de « l'esprit humain, grâce aux lumières de notre époque, « les ouvriers sont aujourd'hui en état de mieux appré« cier leur position réelle. Ils commencent à s'enquérir « de l'état du marché, du prix des matières premières, du « rapport qui existe entre l'offre et la demande. Ils recon« naissent que la réduction était inévitable et ils renoncent « à leur vieille et mauvaise méthode de cesser le travail. « S'ils avaient quitté tous ensemble les ateliers, ils auraient « exposé leurs femmes et leurs familles à de cruelles souf« frances; ils auraient été forcés de céder à la fin. Et à « la place du bon accord qui règne aujourd'hui et qui a « produit de si heureux effets, ils auraient amené un état « de division et d'animosité. — J'ajoute que si les ouvriers « dans une précipitation condamnable avaient eu recours « à des moyens coercitifs, sans égard pour la dépression

« qui pesait sur l'industrie, ils n'auraient pas eu le droit « d'insister au retour de la prospérité pour une augmen- « tation de salaire. Quant aux coalitions et aux grèves il « faut bien se garder de les encourager, elles ne produisent « que du mal. Supposons cinq cents fileurs promenant leur « oisiveté dans les rues, ils ne seront pas les seuls à souf- « frir, eux et leurs familles, car ils mettront dans la même « position cinq mille ouvriers de la manufacture qui n'avaient « rien à démêler avec cette querelle, et la communauté « industrielle tout entière s'en ressentira plus ou moins. « Evitons donc ce mal à l'ouvrier, cultivons ce senti- « ment d'une bienveillance mutuelle qui les rend inutiles. « Que notre succès à Bolton devienne un exemple et « un encouragement pour les autres districts. On peut « parler d'union industrielle et je sais que les ouvriers « ont une grande confiance dans leur efficacité. Quant à « moi je pense que l'union la plus forte et la plus avan- « tageuse est dans un rapport de bonne harmonie et de « considération mutuelle entre l'ouvrier et le patron, que « l'assemblée à laquelle nous assistons a pour objet d'en- « courager et d'établir. » Le fileur John Brewer tint le langage suivant : « Un des hommes les plus sages qui « aient existé, a dit qu'il n'y avait rien de nouveau sous « le soleil; mais Salomon n'avait jamais vu ce spectacle. « Il n'avait jamais entendu parler d'une association pareille « à celle qui réunit aujourd'hui les maîtres et les ouvriers « fileurs.... Quant à la condition de l'ouvrier il reste encore

« beaucoup à faire pour l'élever à son niveau naturel ; « mais l'ouvrier en a les moyens dans ses propres mains ; « et s'il néglige de les employer il n'en doit accuser que « lui-même. De tous les maux qu'afflige les classes labo- « rieuses l'ignorance est décidément le plus grand. L'igno- « rance les expose à être trompées, et ne leur permet pas « de se former une opinion exacte sur les choses qui inté- « ressent le plus leur bien être. Ce n'est point des ma- « nufacturiers que dépend le taux des salaires. Dans les « époques de dépression les maîtres ne sont pour ainsi « dire que le fouet dont s'arme la nécessité, et qu'ils le « veuillent ou non il faut qu'ils frappent. Le principe « régulateur est le rapport de l'offre avec la demande, et « les maîtres n'ont pas ce pouvoir. »

CHAPITRE IV.

Réflexions.

De l'étude que nous venons de faire des coalitions au triple point de vue du droit, de l'ordre public et l'économie sociale, on peut tirer les enseignements les plus utiles. Il en ressort :

— Que les coalitions suivies d'un commencement d'exécution, ou ce qui revient au même, accompagnées de contrainte doivent être formellement proscrites par la loi, comme contraires au droit, à l'ordre public et à l'intérêt social et privé ;

— Que l'amélioration du sort des travailleurs dépend des faits que nous avons mis en lumière et non pas des coalitions, celles-ci étant de nature à rendre pire le sort des travailleurs. Ces faits et le résultat auquel conduisent les coalitions, fournissent une réponse à la fameuse question de l'organisation du travail et des salaires qui a préoccupé les jurisconsultes et les économistes, et a fait dire à M. Léon Faucher : « La question des salaires est à la fois la plus difficile que la science puisse agiter, et la plus grave que la politique ait à résoudre. Parmi les peuples modernes qui vivent non de la guerre mais de l'industrie, cette difficulté intéresse tout le monde. En vain l'on a proclamé la liberté du travail, ce régime des nations parvenues à leur maturité et qui disposent d'elles-mêmes. Les gouvernements sollicités par les intérêts, par les passions et par les misères sont toujours tentés d'intervenir. Il en est peu qui n'aient cherché soit par l'impôt, soit par des lois de douanes, soit par les restrictions de charité, à modifier et par conséquent à troubler le cours naturel des choses. L'impatience un peu fébrile des pouvoirs publics a gagné la classe laborieuse; dans la poursuite ou dans la défense de leurs intérêts, elles n'ont plus su ou voulu procéder que par coalitions, par émeutes et par révolutions. Il y a eu un moment où la société Européenne chanchelant sur ses fondements, la propriété allait être rayée du livre des droits, et où les principes moraux s'effaçaient complètement dans les âmes. »

— Que la liberté d'association doit cesser où commence la contrainte. C'est là encore un des grands principes, qui intéressent à un haut degré la prospérité des Etats. Il arrive souvent qu'on proclame des droits publics sans tracer les limites dans lesquelles ils doivent se mouvoir. La stabilité, la sécurité des institutions dépendent cependant de ces limites. Un économiste distingué M. Théodore Fix, dans l'ouvrage que nous avons déjà cité et qui a pour titre : *Observations sur l'état des classes ouvrières,* fait ressortir la nécessité d'imposer des bornes au système d'association. A la page 321, il dit : « Quelque excellent que puisse être le principe de l'association, quelque merveilleux que soient les résultats qu'on en a obtenus depuis un demi-siècle, il est néanmoins lorsqu'il s'agit de son application renfermé dans les limites qu'on ne saurait franchir sans compromettre la liberté industrielle et sans amoindrir l'action du capital.... On s'est fait sous ce rapport de dangereuses illusions, il y a des hommes qui ont donné au principe de l'association une telle étendue qu'ils lui ont sacrifié des institutions politiques, la liberté individuelle et quelquefois des préceptes de morale sans l'existence desquels la société n'a aucune base solide. Il importe donc de bien connaître les circonstances qui rendent l'association possible, les cas où elle ne froisse point les lois générales de la production et de la liberté individuelle. » Ce que M. Fix dit du droit d'association s'applique à d'autres droits publics. Chacun de ces droits doit avoir des limites. Il importe que le législateur les trace et les proclame.

Nous avons vu apparaître récemment un ouvrage dû à la plume d'un procureur du Roi de mérite et conseillant la publication d'une loi nationale. Ce n'est pas le lieu dans notre opuscule, de discuter l'opportunité d'une pareille réforme ainsi que les avantages et les inconvénients d'une codification générale, et d'examiner si elle atteindrait le but que l'auteur se propose. Il nous semble qu'il est d'un intérêt moins contestable d'élaborer un Code de droit public complet. Il ne suffit pas que le législateur fasse connaître les droits publics tout en laissant dans l'ombre les limites de plusieurs de ces droits. Pour que la liberté n'aboutisse pas à la licence et ne compromette pas les institutions mêmes, il faut qu'elle soit nettement circonscrite et appuyée sur la loi pénale.

CHAPITRE V.

De quelques systèmes sur les coalitions.

SECTION I.

DOCTRINES DIVERSES.

Notre siècle se distingue par l'abondance des doctrines qui visent à régénérer le monde. Elles s'attachent à quelque imperfection ou à quelque misère humaine, créent parfois d'un jet tout un système sans avoir la connaissance ou la conscience des lois éternelles qui dominent la société ou sans voir les enseignements de l'histoire et l'empire des faits. Des doctrines pareilles qui mettent en relief des souffrances réelles et s'adressent au cœur, sont de nature à exercer une grande influence et à faire de nombreux partisans, surtout dans la société actuelle où la réflexion est si rare et l'amour de ce qui est spécieux et nouveau si grand. Aussi, avons-nous cru devoir traiter la question des coalitions aux points de vue juridique, historique et social pour étreindre de toutes parts les systèmes dont nous allons parler et les enfermer dans un cercle d'arguments irréfutables, sans réplique. Défenseurs de l'ordre par notre profession et par nos tendances naturelles, nous croyons rendre service en signalant les vices de théories qui prennent à tort pour devise, *régénération de la société*. Nous nous hâtons d'ajouter, avant d'aborder l'examen de ces théories, que nous reconnaissons la sincérité et les bonnes intentions de ceux qui se sont érigés en défenseurs des coalitions. Ce n'est pas un intérêt local, ni l'amour de la popularité, ni l'esprit de parti qui les ont guidés. Ils ont obéi à des sentiments de commisération pour la classe des travailleurs. Nous reconnaissons aussi, que tout en faisant fausse route ils ont cependant obtenu le résultat auquel parviennent tous ceux dont le cœur est rempli de sentiments nobles et généreux. Ils ont appelé l'attention sur des souffrances et provoqué des remèdes dans la mesure du possible.

Un caractère commun caractérise les systèmes favorables aux coalitions. Tous ont élevé des prétentions à la légitimité. A les entendre ils semblent n'être que des applications des règles de droit et de l'équité.

Quelques publicistes ont voulu leur chercher une consécration dans l'histoire des peuples. Ils ont cru trouver dans le régime industriel de l'Angleterre une législation autorisant les coalitions. De nos jours cette erreur est presque dissipée. On commence à mieux connaître les lois anglaises et leur signification réelle. Il existe cependant encore beaucoup d'esprits qui s'attachant à l'impuissance des lois britanniques à réprimer les coalitions, s'imaginent que sur le continent aussi des lois pénales seraient sur elles sans pouvoir. Ils ne voient pas qu'en Angleterre les lois sont imparfaites et que là il existe une activité industrielle plus considérable que dans les autres pays de l'Europe. Les capitaux s'y forment avec une rapidité étonnante. De grandes fortunes s'y font en peu de temps. Cet état de choses provoque souvent certaines classes d'ouvriers à participer à ces grands profits et à demander aux coalitions ce qu'elles croient ne pas pouvoir obtenir du cours régulier des faits. Sur le continent il en est autrement; l'industrie ne crée pas les richesses aussi vite; le désir du gain n'aiguillonne pas autant les ouvriers. Les coalitions ne s'y forment que rarement, et ne sont que des accidents de la vie industrielle des peuples. Il s'en suit qu'il y est plus facile de les prévenir et de les réprimer. Aussi les voit-on ordinairement fléchir devant la force publique et se dissoudre sous l'action de la répression. Ce serait donc un faux calcul d'autoriser les coalitions sous prétexte que la loi est impuissante à les réprimer. Ce serait en outre une mesure dangereuse qui ferait passer dans les mœurs l'habitude de se coaliser et multiplierait les révolutions industrielles.

D'après M. Mac-Culloch (*Traité des circonstances qui déterminent les taux des salaires et qui influent sur le sort des classes laborieuses*) : « Une coalition volontaire quand la violence ne s'y joint point est l'exercice légitime du droit qu'ont les ouvriers de décider par eux-mêmes ;

quand elle a pour objet d'élever les salaires qui ont été indûment réduits, elle est opportune, et c'est à propos qu'elle se forme. On ne trouve pas beaucoup de maîtres qui consentent à augmenter les salaires ; il y a fort à parier que les réclamations d'un ou de plusieurs individus ne recevront aucun accueil aussi longtemps que leurs camarades continueront à travailler au prix contre lequel ils protestent. C'est donc seulement quand tous les ouvriers ou la plupart des ouvriers qui appartiennent à une usine ou à une industrie se coalisent entre eux, ou lorsqu'ils agissent par un concert qui équivaut à une coalition et refusent de continuer le travail à moins d'obtenir une augmentation de salaire qu'il devient de l'intérêt immédiat des maîtres de faire droit à la demande qui leur est adressée. Il en résulte évidemment que sans l'existence d'une coalition, soit hautement avouée, soit tacite, ces ouvriers ne parviendraient jamais par leurs propres efforts à une hausse de salaire, et qu'ils resteraient à la discrétion des maîtres dont la concurrence en fixerait le taux. » Dans ce passage M. Mac-Culloch se laisse surtout guider par un fait spécial. Il suppose une coalition qui est de nature à appeler la sympathie de tout homme, il nous montre des ouvriers qui viennent d'être victimes d'une coalition des maîtres. Que leur reste-t-il à faire si ce n'est à se coaliser pour échapper à l'étreinte des capitalistes coalisés. Pour quelqu'un qui se laisse guider plutôt par les inspirations du cœur que par les leçons de l'histoire et l'esprit d'analyse, la position des ouvriers est des plus critiques. On est tout naturellement tenté de légitimer ces coalitions et de se jeter dans ces théories dangereuses où plus d'une âme généreuse s'est trouvée prise à notre époque. Mais quand on y regarde de près, on doit se dire que très rarement les coalitions se présentent dans des conditions pareilles. Ce n'est pas pour faire remonter les salaires à un taux normal qu'elles se forment le plus souvent, mais bien pour leur faire franchir le taux ordinaire indiqué par les circonstances. Elles ne constituent pas le plus souvent des mesures défensives mais de puissantes combinaisons aggressives. Et puis comment parvenir à savoir que les salaires ont été indûment réduits par les maîtres. Pour y parvenir il faudrait connaître l'état des capitaux, celui de la population et bien d'autres circonstances qui exercent parfois de l'influence sur les salaires. Une assemblée d'ouvriers est-elle apte à démêler et à connaître toutes ces causes? Et en supposant qu'elle le soit, a-t-elle assez de calme et assez de raison pour se tenir dans les bornes de ce qui est juste et équitable. Distinguer des coalitions permises et d'autres prohibées, autoriser les ouvriers à former les unes et leur défendre les autres, c'est arriver dans la pratique à des difficultés inextricables et à des désordres évidents; c'est proclamer en outre le droit de contrainte, de violence morale et de représailles en matière industrielle, presque toujours sans profit pour personne, puisque la plupart des fois les coalitions échouent; c'est se mettre en contradiction avec le principe que toute violence, comme le reconnait lui-même

Mac-Culloch, doit être proscrite dans l'industrie; c'est arriver à travers des troubles très rarement au but où l'on peut arriver plus sûrement et toujours par d'autres voies. Dans les cas, en effet, où les salaires auraient été réduits par les maîtres au-dessous du taux déterminé par la liberté de l'offre et de la demande, de deux choses l'une : ou bien les ouvriers quitteront l'industrie qui les rétribue si mal pour s'engager dans une autre industrie, ou bien d'autres capitalistes attirés par le chiffre des bénéfices, grossis de toute la somme retirée des réductions sur les salaires se lanceront dans les mêmes entreprises. Dans la première espèce, une offre moins forte fera hausser les salaires. Dans la deuxième espèce, le même effet sera produit par la concurrence de nouveaux maîtres, c'est-à-dire par une demande plus considérable. M. Mac-Culloch semble oublier qu'en dehors des coalitions rien ne s'oppose à ce que les ouvriers forment des associations où ils peuvent débattre leur intérêts communs et le taux auquel il convient de faire monter les salaires. L'erreur fondamentale de la doctrine de M. Mac-Culloch est d'avoir confondu l'association avec la coalition, l'entente paisible avec les mesures de contrainte, le droit avec l'abus du droit. Il est permis aux ouvriers de s'entendre sur le prix de leur travail. Ils peuvent même quand les maîtres ont exercé à leur égard des moyens de contrainte morale, provoquer contre eux l'application soit des lois pénales, soit des lois civiles. Mais il leur est défendu de faire appel à une violence quelconque soit physique soit morale, et par suite de se réunir en coalition. Celles-ci nous ne saurions trop le répéter, se distinguent des associations par la contrainte morale ou physique. Elles s'appuient sur la pression tandis que les autres sont des moyens réguliers pour parvenir à un résultat conforme à la loi et à l'intérêt des associés. Nous sommes heureux de rencontrer dans la réfutation de la doctrine de M. Mac-Culloch l'assentiment de M. Léon Faucher (*Journal des économistes*, T. 31, p. 386) : « Je comprends, dit-il, qu'on applaudisse à la suppression des lois qui frappent les coalitions avec une sévérité qui n'est plus de notre époque. L'impuissance de cette législation en faisait ressortir la cruauté; mais il y a loin de la tolérance à l'éloge. L'économie politique veut que chacun, ouvrier ou maître, ait toute liberté pour stipuler ses intérêts. Mais les coalitions sont des liens qui excluent violemment la liberté individuelle. Les ouvriers engagés dans ce concert s'enchaînent d'abord entre eux pour enchaîner ensuite plus aisément ceux avec lesquels ils traitent. — En fait, quoiqu'on en puisse dire, les coalitions n'ont jamais réussi, elles n'amènent que des ruines pour l'industrie, et pour les ouvriers que des haines, des privations, des misères et souvent la honte. En droit, elles sont la guerre organisée dans les ateliers, là où la paix seulement féconde le travail. Mais après le mauvais effet des coalitions pour en démontrer l'inutilité, je ne veux pas d'autre autorité que celle de M. Mac-Culloch lui-même. Il dit en effet une page plus loin et comme s'il voulait combattre ses propres arguments : « Si les salaires payés aux ouvriers « dans une branche d'industrie viennent à être réduits sans « une cause légitime, les capitalistes qui dirigent ces ateliers « auront sans contredit le bénéfice total de la réduction, en « outre les profits que font les capitalistes engagés dans « d'autres entreprises. Mais une inégalité de cette nature « ne peut pas se perpétuer. De nouveaux capitaux seront « inévitablement attirés vers une industrie, qui a des « salaires faibles et des profits élevés ; et les entrepre- « neurs de ce travail se verront dans la nécessité, s'ils « veulent obtenir des travailleurs de leur offrir une rému- « nération plus forte. Il est donc évident que lorsque « les salaires ont été réduits sans cause dans une industrie, « ils reprennent leur niveau par la seule concurrence des « capitalistes et sans aucun effort de la part des ouvriers. » S'il en est ainsi, pourquoi décerner au nom de la science un bill d'indemnité aux coalitions et en recommander l'usage. La concurrence est de sa nature un principe exclusif. Si l'on admet que la concurrence des ouvriers suffit pour faire baisser les salaires et celle des maîtres pour les faire hausser, les coalitions deviennent au moins inutiles. Elles ne pourraient que troubler les rapports qui tendent naturellement à s'établir. Le marché du travail ne sera large et régulier qu'autant qu'il restera libre. On a remarqué que les ouvriers se coalisaient rarement pour imposer une élévation de salaires dans les moments où l'industrie était en souffrance et où la concurrence languissait. Les mutineries qui interrompent le travail et qui enrégimentent les ouvriers contre les maîtres se produisent surtout lorsque les usines sont en pleine activité, et que la rémunération du labeur quotidien est la plus large. Les mécontents font grève, non pas pour relever les salaires qui auraient été réduits sans cause, mais pour obtenir l'augmentation des salaires qui sont déjà très-élevés. Ce sont les emportements de l'ambition et non les protestations ou les plaintes de la misère. Ajoutons qu'on ne voit pas pourquoi les classes laborieuses se ligueraient contre les lois d'un ordre social dans le sein duquel après tout elles prospèrent, qui a plus avancé l'amélioration de leur sort en un demi siècle qu'il ne l'avait été depuis le moyen-âge, et dans lequel le travail, en devenant la base de la moralité et la source de la richesse, a renouvelé les notions du pouvoir et de la grandeur. »

La plupart des théoriciens qui ont défendu les coalitions se sont attachés comme M. Mac-Culloch à un cas spécial, exceptionnel, tout en confondant les coalitions avec les associations. Ils se sont plu à représenter les ouvriers comme des victimes de la spéculation des maîtres, comme des malheureux que la nécessité et la faim forçaient à se coaliser contre d'injustes prétentions ou contre une exploitation odieuse. C'est ainsi que lors de la discussion de la loi française sur les coalitions du 27 novembre 1849, M. Doutre disait : « Selon la législation passée et d'après celle qu'on veut maintenir et introduire, la coalition de la part des ouvriers est sans cesse considérée comme une hostilité constante, permanente à l'industrie et à la société, et jamais comme un impérieux concert d'hommes trop souvent odieusement exploités, défendant leur existence et celle de leur famille. L'histoire des coalitions n'est pas nouvelle, et leur répression n'a jamais été un exemple salutaire, puisqu'elle ne réformait pas une injustice et une inégalité. En effet, quelle situation est faite aux uns et aux autres? Il est peut-être banal de s'arrêter à certains développements; mais la vérité ne saurait être trop répétée. Les patrons, les maîtres, les chefs d'atelier quand la concurrence les aiguillonne, quand la soif du bénéfice dessèche leurs entrailles, ont facilement trouvé une solution au problème que leur pose leur coffre-fort. Abaissement des salaires, telle est la consigne qui retentit dans le comptoir. Mot cruel, barbare, dont le dernier écho s'éteint dans l'enceinte du tribunal où l'on ne peut que lire le code et en appliquer la rigueur. Ceci est de l'histoire et non de la passion. Qui niera que le maître, que le patron n'est pas à l'état incessant de coalition par le fait même de sa situation, de sa liberté absolue de fixer à son gré les conditions du travail et de les débattre sans contrôle? Qui niera que les chefs d'industrie, que les manufacturiers ne sont pas à l'état de coalition flagrante lorsque par des motifs dont ils n'ont pas à rendre compte, ils renvoient brusquement leurs ouvriers et ferment leurs ateliers? La volonté du maître est une puissance amie et protectrice quand l'équité et la justice l'inspirent, mais bien tyrannique quand l'égoisme en est la base. Il faut, dit-on, soutenir une concurrence dont pour le moment je n'ai nullement à rechercher la cause, mais qui cependant dans ses effets devrait toujours avoir pour limite, au moins l'humanité. Le patron qui veut rarement voir pâlir son inventaire propose à ses ouvriers une diminution de salaire; c'est son droit; il débat ses intérêts. S'il le fait avec un esprit paternel de conciliation et d'entente cordiale, les ouvriers dont les sympathies alors ne faillissent jamais (ils l'ont toujours montré), ne se retrancheront point dans leur camp pour engager une lutte, ils attendront des jours meilleurs pour leur patron et pour eux. Mais si au contraire fort de l'impunité qui le couvre, le maître ne voit dans le personnel de ses ouvriers qu'une chose à acquérir, au meilleur marché possible, pour des conditions iniques et inacceptables, l'égalité existe-t-elle entre les deux parties dont les intérêts vont se trouver en présence? L'ouvrier isolé reste seul contre le maître puissant et souvent protégé. La lutte est donc d'une déplorable inégalité. L'ouvrier est, dit M. le rapporteur, libre d'accepter ou de refuser, quand un regard jeté sur des êtres souffrants peut lui enlever toute son énergie et ne lui inspirer que l'obéissance et le désespoir. Vous ne pouvez y penser sérieusement. Quand un conflit s'élève, l'ouvrier est dans l'absolue nécessité de se concerter avec d'autres ouvriers intéressés également à cette question commune. Il est bien obligé de s'entendre avec ses camarades, de se réunir avec eux pour, en un mot, discuter avec sang froid la valeur, la justice des propositions du maître. S'il est reconnu que ce dernier élève des prétentions exagérées, s'il résulte des intentions concertées avec calme un accord loyal et décidé de ne pas céder, de même que le maître est libre de renvoyer les ouvriers, de même, on en conviendra, il doit appartenir aux ouvriers de prendre l'attitude qui leur paraît opportune, pacifique, sans voies de fait, sans intimidation qui violente les volontés individuelles. En conséquence l'injustice du maître étant flagrante, la totalité des ouvriers ou la grande majorité sans doute résiste. Le maître porte plainte. C'est alors que commence d'après la loi la coalition pour faire cesser de travailler en même temps, interdire le travail dans l'atelier. Les ouvriers par le seul fait qu'ils se seront réunis même paisiblement pour s'entretenir de leur situation, seront sous le coup des délits de coalition et condamnés par un tribunal qui ne peut avoir pour mission d'apprécier la question des salaires. » Ce tableau où M. Doutre a mis ses plus sombres couleurs et toutes les ressources d'une imagination féconde, nous représente les ouvriers recourant aux coalitions, comme à un moyen extrême, nécessaire, pour mettre un terme à la cupidité effrénée des maîtres. Nous retrouvons ici le système de M. Mac-Culloch. C'est le droit de se liguer contre l'injustice des maîtres qui forme le fond de la composition. Tout ce que nous avons dit relativement à la théorie de M. Mac-Culloch trouve donc ici son application. A la différence de ce publiciste, M. Doutre paraît cependant avoir une imagination plus vive et plus impressionnable. Guidé sans doute par des théories abstraites et non par la réalité des faits, il dépeint l'ouvrier d'une manière idéale en le gratifiant de toutes les qualités sur lesquelles aucun défaut ne fait tache. Le maître au contraire est pour lui un homme dont le pouvoir est absolu, parfois tyrannique et que domine presque toujours la cupidité, la soif des richesses. De la volonté et de l'arbitraire du maître dépendent le sort et l'existence de familles nombreuses. — Il va de soi qu'au moyen de tels procédés, qu'à l'aide de telles peintures, on parvient facilement à justifier les coalitions. Pour celui qui réfléchit et qui étudie l'histoire, ces écarts de l'imagination sont sans influence. Il sait que l'ouvrier ne cherche pas dans les coalitions le moyen de défendre son existence mise en danger par un maître avide de richesses, mais qu'il y cherche un instrument propre à forcer la volonté du maître et à lui arracher par la menace, même par l'éventualité d'une ruine complète, non pas ce qui est nécessaire à l'existence, mais tout ce qu'on peut obtenir par la contrainte morale la plus énergique. Il n'ignore pas que les coalitions n'ont presque jamais réussi et qu'elles ont été une source de maux pour la société et les coalisés mêmes. Il ne lui échappe pas que les pouvoirs des maîtres sont bornés et que les ouvriers sont loin d'être des victimes que le maître peut enchaîner à son gré ou des malheureux qui végètent par le fait de l'implacable despotisme de la richesse. Il voit les lois sociales qui gouvernent le monde et s'incline devant elles tout en s'efforçant dans la mesure de ses forces et de son pouvoir, de travailler pour le bien-être général, d'adoucir les souffrances, de soulager les misères, de stimuler le travail, de purifier par des sentiments généreux ceux que le matérialisme souille, d'éclairer les intelligences sur les devoirs respectifs des hommes, et de faire régner partout l'ordre et la paix. — Mais pour tous ceux (et le nombre en est considérable dans notre siècle), dont l'esprit n'est pas actif ou n'est pas exercé, et qui n'ont pas la force, la volonté ou l'occasion de rechercher la vérité, et de se convaincre des erreurs qu'on propage, des peintures pareilles à celle de M. Doutre sont du plus déplorable effet. Rien ne se trouve entre ces peintures et leur cœur; de là des émotions profondes à la vue des souffrances atroces de pères de famille dont les femmes et les enfants dépérissent par la volonté et la spéculation des maîtres gorgés de biens et rassasiés de jouissances. Des descriptions semblables sont faites pour indigner les masses et les rendre hostiles à une société qui renferme tant de misères et tant de perversité. Chez une nation impressionnable et mobile dans ses sentiments et ses idées, cette prétendue tyrannie est de nature à allumer les passions et à servir de prélude aux faits les plus regrettables.

Nous arrivons à des doctrines qui doivent fixer principalement notre attention parce qu'elles semblent avoir exercé de l'influence sur la nouvelle loi belge sur les coalitions; ce sont celles de MM. Coquelin et Cherbuliez, insérées dans le dictionnaire d'économie politique de

MM. Coquelin et Guillaumin, v° *coalition*, et conçues dans les termes suivants :

« Sous le régime de la liberté d'industrie, le prix du travail et de tout ce que produit le travail sont le résultat des lois économiques dont l'exposition détaillée trouvera place dans une autre partie de l'ouvrage (prix, valeur), et dont nous nous bornons à rappeler ici la principale conséquence, savoir : que les prix-courants soit du travail soit des produits, quoiqu'ils soient sujets à varier, ne s'élèvent guère beaucoup ni longtemps au-dessus d'une limite qui est déterminée par l'ensemble des conditions des services productifs nécessaires pour que le travail ou les produits soient réellement offerts et demandés. C'est dans ces résultats que sont renfermés et en quelque sorte condensés les avantages économiques de la libre concurrence, qui peuvent se résumer ainsi : 1° La production de toutes choses se règle par la quantité et la qualité sur les besoins des consommateurs, puisque l'offre étant libre, toute demande peut faire naître une offre correspondante, et que la demande étant libre, toute offre devient avantageuse dans la proportion des besoins auxquels elle répond. 2° Les besoins des consommateurs sont satisfaits aux plus bas prix actuellement possibles, c'est-à-dire aux prix coûtants puisque la moindre élévation des prix courants au-dessus de cette limite tend à les faire baisser et par conséquent à rétablir le niveau. 3° Chaque entrepreneur d'industrie peut choisir pour ses avances et ses facultés industrielles l'emploi le plus avantageux, car il n'est jamais obligé ni de livrer le travail dont il a besoin à un prix qu'il ne pourrait pas en donner, ni d'offrir ses productions pour un prix qui le constituerait en perte. 4° Les ouvriers emploient leurs forces physiques et intellectuelles de la manière la plus avantageuse possible, puisqu'ils peuvent toujours choisir le travail qui leur convient et qu'ils ne sont jamais obligés au moins collectivement d'offrir leur travail à un prix qui ne leur paraît pas suffisant. — Mais ces avantages, comme on le voit, sont strictement attachés à la liberté de l'offre et de la demande. Or, la question que nous avons à examiner ici est celle de savoir si la liberté de l'offre et de la demande comprend la liberté pour les entrepreneurs d'industrie et pour les ouvriers respectivement de faire des coalitions, c'est-à-dire des conventions entre eux, les premiers, du prix auquel ils demanderont le travail dont ils ont besoin ou du prix auquel ils offriront les produits de leur industrie; les derniers, du prix auquel ils offriront le travail industriel qui les fait vivre; il y a dans la série des actes par lesquels toute coalition se réalise et se manifeste une distinction à établir. Les uns constituent le fait proprement dit de la coalition, c'est-à-dire l'union concertée, l'accord prémédité de plusieurs volontés dans un même but. Ceux-là sont inoffensifs car ils ne sont qu'une forme de la libre concurrence. Les autres vont plus loin; ils tendent à imposer par la menace ou la violence un accord non encore manifesté et non encore réalisé. Ceux-ci sont nuisibles, car ils sont contraires à la libre concurrence. Pour plus de clarté, envisageons séparément les divers cas en vue desquels peut se former une coalition : 1° Trois individus A, B, C, qui font le commerce d'une certaine qualité de vin et qui ont leurs magasins remplis de cette denrée, conviennent verbalement ou par correspondance qu'ils ne vendront pas en dessous de trente francs l'hectolitre quoiqu'ils puissent en se contentant d'un profit raisonnable le vendre à vingt-cinq francs. Cette résolution qu'ils étaient libres de prendre chacun séparément, change-t-elle de caractère parce qu'ils l'ont prise en commun? Nullement, car ce fait n'implique en aucune façon que l'une quelconque des trois volontés n'ait pas été libre, que B par exemple ait obéi à la volonté de A plutôt qu'aux suggestions de son propre intérêt, ou que C ait accepté par crainte de A et B un arrangement qui doit tourner à son préjudice. — Faisons un pas de plus. Les trois commerçants, chacun de son côté, exécutent la résolution prise en commun. Ils refusent de leur plein gré les demandes qui leur sont faites au-dessous du prix convenu. Dirons-nous cette fois qu'ils ont franchi les limites du droit que leur donne la libre concurrence? Non sans doute, car cette libre exécution de leur accord fait présumer jusqu'à preuve contraire que leur résolution commune exprimait de fait trois résolutions spontanées répondant à trois intérêts identiques. Et comment prouvera-t-on que cette spontanéité n'existait ni au moment de la coalition ni au moment du refus de vendre qui l'ont suivie. — Supposons maintenant que deux marchands de la denrée en question dont l'un C était entré dans la coalition et l'autre D n'y avait pris aucune part, se disposent à vendre une partie de leurs approvisionnements respectifs au prix de vingt-cinq francs l'hectolitre et qu'ils en soient empêchés par des menaces ou par une contrainte effective de la part de A et de B. Ici évidemment la scène change. Dans les deux premières hypothèses le prix des vins était maintenu à trente francs par la liberté de l'offre; dans le troisième il le serait par la suppression de cette liberté. La concurrence entre les vendeurs aurait abaissé le prix à vingt-cinq francs, si elle eût été libre; les actes qui l'ont empêché de produire cet effet sont donc aussi contraires au principe de la libre concurrence qu'à l'intérêt des consommateurs. Mais ces actes ne constituent pas un simple fait de coalition. La coalition a été complète et achevée aussitôt qu'a existé l'accord entre les trois volontés A, B, C. — Trois fabricants de papier, X, Y, Z, dont les manufactures fournissent du travail à la population ouvrière d'un certain district conviennent d'abaisser à deux francs le salaire qui était jusqu'à ce moment de deux francs cinquante centimes par journée de travail. Sous le régime qui pose en principe la liberté de l'offre et la liberté de la demande, chacun de ces trois fabricants peut à son gré ou ne demander aucun travail ou n'en demander qu'un prix qu'il lui convient d'offrir. Qu'une résolution de cette espèce ait été communiquée à d'autres fabricants ou qu'elle ait rencontré ou même fait naître chez ceux-ci une résolution semblable, cela n'en change point la nature. Si Y et Z par cela seul que l'un d'entre eux aurait conçu le projet de modifier sa demande de travail en aurait fait part aux autres, devaient s'abstenir de vouloir une modification pareille, on ne pourrait plus dire que la demande et l'offre sont libres. Ce régime que nous supposons en vigueur, serait manifestement supprimé. La position ne sera pas changée si nous supposons que X, Y et Z aient chacun de son côté mis à exécution l'accord fait entre eux. On ne pourrait sans violer le principe de la libre concurrence interdire cette modification uniforme de leur demande de travail, sous le prétexte que leurs volontés s'étaient mises à l'unisson avant de se manifester par des actes. — Mais s'il était constaté que l'un de ces fabricants, par exemple Z, ait résolu malgré la coalition, de payer à ses ouvriers le salaire accoutumé et que X et Y l'en eussent empêché par des menaces, des procédés hostiles, en un mot, par une pression quelconque exercée sur lui-même ou sur les ouvriers auxquels il demanderait du travail, il ne s'agirait plus alors d'un simple fait inoffensif de coalition, mais d'une suppression manifeste de la libre concurrence. La demande n'aurait plus été libre, la concurrence entre fabricants n'aurait plus produit son effet naturel, qui devait être dans ce cas de maintenir le prix du travail au taux établi jusqu'alors. — Les mêmes raisonnements s'appliquent aux coalitions d'ouvriers et s'y appliquent avec bien plus de force. En effet, s'il arrive parfois exceptionnellement que les entrepreneurs d'industrie et les consommateurs ne sont pas absolument libres, les premiers dans leur offre, les seconds dans leur demande, on doit reconnaître que cette liberté incomplète est presque la position ordinaire et normale du travailleur salarié lorsqu'il traite individuellement avec ceux qui lui achètent son travail. Pressé par des besoins dont la satisfaction ne saurait en aucune façon être ajournée, il est le plus souvent hors d'état de lutter avec l'entrepreneur d'industrie pour lequel une interruption de travail n'entraîne jamais une suppression même partielle des moyens d'existence ou ne pourrait amener cet effet que dans un avenir fort éloigné. — Le correctif de cette inégalité de position se trouve dans la supériorité du nombre des ouvriers, dans leur plus grande agglomération, ou plutôt dans la faculté qui en résulte pour eux de s'entendre, d'avoir leurs volontés, de formuler collectivement leur offre de travail. La coalition voilà le moyen naturel, régulier, légitime que le régime de la libre concurrence leur fournit pour résister à la puissance du capital. Moyen naturel, disons-nous, à cause de l'homogénéité de position et d'intérêts qui existe par la nature même des choses entre tous les ouvriers d'une même industrie, et surtout entre ceux qui appartiennent à une même entreprise industrielle, moyen régulier, parce qu'il ne fait que régulariser la manifestation de volontés individuelles qui étaient identiques avant de former une volonté commune ; moyen légitime enfin, car dans l'arrangement qui intervient pour la fixation des salaires, si le fabricant est à lui seul une des parties contractantes, les ouvriers représentent collectivement l'autre partie, la partie qui offre, et quand ils formulent en commun les conditions de leur offre, ils ne font qu'user de la liberté assurée également aux deux parties intéressées. Ils ne doivent être ni plus ni moins libres dans leur offre, que le fabricant ne l'est dans sa demande. — Nous avons raisonné jusqu'ici dans l'hypothèse d'un pur fait de coalition dégagé de toute circonstance propre à en altérer le caractère, hypothèse qui n'exclut pas, d'après nous, la faculté pour les ouvriers de se réunir en assemblée délibérante, de prendre sous cette forme des résolutions, de choisir des commissaires, de négocier par leur intermédiaire avec les fabricants, etc.... Car tout cela n'excède pas les bornes d'une simple manifestation collective de volontés, d'un exercice collectif de la liberté de l'offre. Mais ces bornes seraient dépassées aussitôt que les ouvriers auraient recours, soit collectivement, soit individuellement, à des moyens d'intimidation ou de contrainte pour atteindre le but de la coalition. Que de tels moyens soient mis en œuvre pour empêcher un ou plusieurs ouvriers ayant ou n'ayant pas participé à la coalition de faire des offres de travail en désaccord avec les offres arrêtées ou pour empêcher un ou plusieurs fabricants de mettre à profit de semblables offres, ils sont évidemment incompatibles avec la liberté de l'offre et de la demande, inconciliables avec le principe même sur lequel repose la liberté de coalition. La faculté résultant d'un accord librement obtenu, n'implique pas du tout pour les ouvriers celle d'imposer à qui que ce soit cette volonté commune et d'obtenir forcément l'accord des volontés diverses. Cette dernière faculté serait la négation de celle dont la première est une application. On reproche peut-être à la doctrine que nous venons d'exposer de ne pas tenir compte des interruptions de travail, des agitations, des animosités, et des coalitions dangereuses, enfin des mesures de répression regrettables auxquelles peuvent donner et donnent ordinairement lieu les coalitions de toute espèce. En admettant que les faits soient aussi fréquents et aussi graves que le prétendent les personnes qui s'en font une arme contre le régime de la libre concurrence, en admettant même que les coalitions peuvent prolonger quelquefois les oscillations du prix courant, les crises de dépréciation ou de cherté que le travail ou les produits ont à traverser pour atteindre leur prix coûtant, il ne faut pas perdre de vue, d'abord, que ce dernier effet surtout en ce qui concerne le prix du travail, doit résulter aussi souvent de l'application des lois qui interdisent les coalitions ; ensuite, que la liberté de coalition favorise dans plusieurs cas la production et l'épargne en contribuant à rendre l'emploi des capitaux plus profitable, et compensant ainsi par des avantages réels les inconvénients qu'elle peut éventuellement présenter dans d'autres cas. Il en est de la liberté d'industrie comme de la liberté de la pensée. On voit très bien les maux qu'elle produit parce qu'ils sont positifs tandis que les maux, qu'elle empêche demeurent ignorés et ne constituent qu'un bien négatif, précisément parce qu'elle les empêche. Attaquée chaque jour par l'allégation de faits que chacun peut voir ou connaître, elle est souvent réduite à se défendre par des conjectures. Mais les conjectures fondées sur un raisonnement correct sont aussi des vérités, autrement les sciences spéculatives ne seraient pas des sciences. »

A. F. Cherbuliez.

« Les lois économiques qui déterminent sous l'empire de la concurrence le taux des salaires, le taux des profits, la valeur vénale des marchandises et des services, sont tellement rigoureuses, tellement inflexibles qu'il n'est pas donné aux conventions arbitraires des parties intéressées de les changer ou de les altérer. C'est le rapport de l'offre à la demande qui règle d'une manière souveraine le prix courant de tout ce qui se vend et s'achète ; les coalitions non plus celles des maîtres que celles des ouvriers n'y peuvent rien. Quand l'offre d'une marchandise quelconque augmente sur le marché sans que la demande augmente dans la même proportion, le prix baisse : pareillement quand l'offre diminue le prix s'élève sans qu'aucune combinaison artificielle puisse empêcher ces mouvements. — Si les coalitions dérangent quelquefois l'effet de ces lois naturelles, ce n'est du moins que dans certains cas tout à fait exceptionnels, ou pour un temps fort court. On conçoit par exemple quand une industrie est fermée à la concurrence, qu'elle n'est accessible qu'à un petit nombre d'entrepreneurs, ces entrepreneurs peuvent en se concertant élever le prix de leurs marchandises au-dessus du taux régulier ; mais dans ce cas la surélévation du prix est bien moins l'effet du concert établi entre eux que du monopole artificiel ou naturel dont ils jouissent. Si leur industrie était fermée à la concurrence, leur coalition ne tarderait pas à être rompue par de nouveaux arrivants, qui rétabliraient en dépit d'eux les justes prix. On conçoit également que dans quelques circonstances particulières, par exemple un jour de marché ou dans une vente publique, les vendeurs ou les acheteurs puissent en se concertant suspendre pour un moment le cours naturel des choses et forcer les prix, soit en plus, soit en moins ; mais ce n'est là qu'une élévation accidentelle et qui cesse aussitôt que les concurrents avertis ont eu le temps d'intervenir. — Ce qui est vrai par rapport au prix courant des marchandises l'est encore plus par rapport aux taux général des salaires. Dans les rapports d'ouvriers à maîtres et de maîtres à ouvriers, il n'y a guère ni pour les uns ni pour les autres de monopole absolu à exercer. De même que les ouvriers peuvent toujours quand ils sont mécontents de leur salaire passer d'un établissement dans un autre ou d'une industrie dans une autre, les maîtres peuvent toujours aussi à moins que la violence ne s'y oppose remplacer par d'autres ouvriers ceux qu'ils occupent. Il y a bien, il est vrai dans chaque industrie, un certain nombre d'hommes tellement attachés par leurs antécédents, par leurs aptitudes spéciales, par leur position même, aux établissements où ils travaillent qu'ils ne peuvent guère s'en éloigner sans grand dommage, mais ils ne sont jamais tous dans ce cas, et les maîtres qui tenteraient d'abuser de cette espèce de servitude pour réduire les salaires de leurs ouvriers au-dessous du taux normal ne tarderaient guère à voir éclaircir leurs rangs. Une coalition même des maîtres aurait à cet égard très peu d'effet, parce qu'elle ne serait jamais ni assez étendue ni assez générale pour fermer au travail toutes les issues et prévenir la désertion des ouvriers. — Ces principes sont dans leur expression générale ceux qui ont été professés par tous les économistes : « Les pro-« fits, dit M. J. B. Say, en parlant des profits de la classe « ouvrière, sont d'autant plus grands que le travail de « l'ouvrier est plus demandé et moins offert, et ils se rédui-« sent à mesure que le travail de l'ouvrier est plus offert et « moins demandé. » — C'est le rapport de l'offre avec la demande qui règle le prix de cette marchandise appelée *travail de l'ouvrier*, comme il règle le prix de tous les autres services productifs. Telle est la loi générale invariable, telle qu'elle est reconnue par tous ceux qui ont écrit sur la matière avec quelque autorité. — Il faut convenir cependant que tous les économistes n'ont pas eu une égale confiance dans l'inflexibilité de cette loi. Quelques uns ont admis ou paru admettre, qu'elle pouvait céder même d'une manière assez durable, sous la pression exercée par les coalitions. Nous pensons qu'ils ont accordé à cette pression irrégulière plus d'influence qu'elle n'en a. Il importe cependant de mentionner à cet égard l'opinion d'Adam Smith, opinion très considérée en elle-même, et qui a été d'ailleurs trop souvent invoquée pour que nous hésitions à rapporter en son entier le passage où il l'exprime : « C'est par la convention qui se fait « habituellement entre deux personnes, le maître et l'ou- « vrier, dont l'intérêt n'est nullement le même, que se dé- « termine le taux commun des salaires. Les ouvriers désirent « gagner le plus possible ; les maîtres, donner le moins qu'ils « peuvent. Les premiers sont disposés à se concerter pour « élever les salaires, les seconds pour les abaisser. Il n'est « pas difficile de prévoir lequel des deux partis, dans toutes « les circonstances ordinaires doit avoir l'avantage dans le « débat, d'imposer forcément à l'autre toutes ses condi- « tions. Les maîtres étant en moindre nombre peuvent se « concerter entre eux plus aisément, et de plus la loi les « autorise à se concerter entre eux ou du moins ne le leur « interdit pas, tandis qu'elle l'interdit aux ouvriers. Nous « n'avons pas d'actes du parlement contre les ligues qui « tendent à abaisser le prix du travail ; mais nous en avons « beaucoup contre celles qui tendent à le faire hausser. « Dans toutes ces luttes, les maîtres sont en état de tenir « ferme plus longtemps. Un propriétaire, un fermier, un « maître, fabricant ou marchand, pourraient en général, sans « occuper un seul ouvrier vivre un an ou deux, sur les « fonds qu'ils ont amassés. Beaucoup d'ouvriers, ne pour- « raient pas subsister sans travailler une semaine, très peu « un mois, et à peine un seul une année entière. A la longue « il se peut que le maître ait autant besoin de l'ouvrier que

« celui-ci a besoin du maître, mais le besoin du premier
« n'est pas si pressant. On n'entend guère parler, dit-on, des
« ligues entre les maîtres et tous les jours on parle de celles
« des ouvriers. Mais il ne faudrait connaître ni le monde ni
« la matière dont il s'agit pour s'imaginer que les maîtres se
« liguent rarement entre eux. Les maîtres sont en tout
« temps et partout dans une sorte de ligue tacite, mais
« constamment et uniformément pour ne pas élever les sa-
« laires au-dessus du taux actuel. Violer cette règle est
« partout une action de faux frère et un sujet de reproche
« pour un maître parmi ses voisins et ses parents. A la
« vérité nous n'entendons jamais parler de cette ligue parce
« qu'elle est l'état habituel et on peut le dire l'état naturel
« de la chose et que personne n'y fait attention. Quelque-
« fois les maîtres font entre eux des complots particuliers
« pour faire baisser au-dessous du taux habituel les sa-
« laires des travailleurs. Ces complots sont toujours con-
« duits dans le plus grand silence et dans le plus
« grand secret jusqu'au moment de l'exécution; et quand
« les ouvriers cèdent, comme ils le font quelquefois, sans
« résistance, quoiqu'ils sentent bien le coup et le sentent fort
« durement, personne n'en entend parler. Souvent cepen-
« dant, les ouvriers opposent une coalition particulière, une
« ligue défensive ; quelquefois aussi sans aucune pro-
« vocation de cette espèce, ils se coalisent de leur pro-
« pre mouvement pour élever le prix de leur travail.
« Les prétextes ordinaires, sont tantôt le haut prix des

« denrées, tantôt les gros profits que font les maîtres « sur leur travail. Mais, que leurs ligues soient offensives « ou défensives, elles sont toujours accompagnées d'une « grande rumeur. Dans le dessein d'amener l'affaire à une « prompte décision, ils ont toujours recours aux clameurs les « plus emportées et quelquefois ils se portent à la violence « et aux derniers excès. Ils sont désespérés et agissent avec « l'extravagance et la fureur de gens au désespoir, réduits à « l'alternative de mourir ou d'arracher à leur maître par la « terreur la plus prompte condescendance à leurs demandes. « Dans ces occasions les maîtres ne crient pas moins de leur « côté ; ils ne cessent de réclamer de toutes leurs forces « l'autorité des magistrats civils et l'exécution la plus rigou- « reuse des lois portées contre la ligue des ouvriers, domesti- « ques et journaliers. En conséquence il est rare que les « ouvriers tirent quelque fruit de ces tentatives violentes et « tumultueuses qui, tant par l'intervention du magistrat civil « que par la résistance mieux soutenue des maîtres et la « nécessité où sont la plupart des ouvriers de céder pour « avoir leur subsistance du moment, n'aboutissent en général « à rien autre chose qu'au châtiment ou à la ruine des « chefs de l'émeute. » — « Si les maîtres avaient ce pouvoir qu'on leur suppose de changer ou de modifier par leurs conventions le prix des choses, au lieu d'en user pour diminuer le taux des salaires, ils en useraient plutôt pour élever le prix de leurs produits, car ce dernier résultat serait bien plus avantageux pour eux, et il serait bien plus facile à obtenir, parce qu'ils n'auraient dans ce cas de trahison à craindre que de la part de ceux qui exercent la même profession, tandis que par rapport à la fixation des salaires ils ont pour concurrents naturels tous ceux à quelque profession qu'ils appartiennent qui font travailler des ouvriers. Au surplus Adam Smith a corrigé lui-même ce qu'il pourrait y avoir d'inexact dans le passage que nous avons transcrit plus haut, quand il dit : « Lorsque chaque année fournit de l'em« ploi pour un nombre de bras plus grand que celui qui a « été employé l'année précédente, les ouvriers n'ont aucun « besoin de se coaliser pour faire hausser leurs salaires. La « rareté des bras occasionne une concurrence parmi les maî« tres qui mettent l'enchère l'un sur l'autre pour avoir des « ouvriers et rompent ainsi volontairement la ligue naturelle « contre l'élévation des salaires. » Ce que disait Adam Smith de l'infériorité de position des ouvriers vis-à-vis de leur maître était vrai de son temps ; mais comme l'a très-bien fait observer Buchanan son commentateur, l'état des choses a singulièrement changé depuis lors au moins par rapport à l'Angleterre. Les associations d'ouvriers (*trade-unions*) qui se sont multipliées dans ce pays, et dont un grand nombre ont amassé au moyen d'un système de cotisations régulières des sommes considérables, ont permis aux ouvriers de certaines professions de conquérir à leur tour sur leurs maîtres une supériorité de position décidée et manifeste. Grâce aux ressources accumulées par eux, ils ont pu se condamner à de longs chômages et pousser à bout les fabricants qui avaient besoin de leur travail. Il s'est formé d'immenses coalitions d'ouvriers, et les coalitions favorisées en Angleterre sinon par le silence au moins par les imperfections de la loi ont pu longtemps frapper impunément d'une sorte d'interdit de vastes établissements et même des branches d'industrie tout entières. Un grand nombre de fabricants ont été par là non-seulement atteints dans leurs intérêts du moment, dans leurs profits courants, mais frappés d'une ruine totale. Qu'en est-il résulté cependant dans l'intérêt des ouvriers. Cette supériorité de position qu'ils avaient conquise sur leurs maîtres, leur a-t-elle permis de relever le taux des salaires comme on supposait qu'il avait été déprimé jusqu'alors. La pression qu'ils ont exercée sur les maîtres, a-t-elle eu pour eux une influence favorable? Au contraire, ces coalitions formidables, préparées de si loin et avec tant de soin, conduites d'ailleurs avec tant d'intelligence et d'énergie et dont les ouvriers espéraient de si brillants résultats, ont tourné invariablement contre leurs auteurs. L'histoire des coalitions d'ouvriers qui occupe une si grande place dans l'histoire industrielle de l'Angleterre depuis cinquante années, est aussi intéressante par les renseignements qu'elle donne, qu'elle est curieuse et dramatique par ses détails. Elle porte avec elle un témoignage éclatant de l'inflexibilité des lois que la science économique a mises en lumière. Tous les moyens imaginables ont été mis en œuvre pour fléchir ces lois, et elles n'ont pas fléchi ; au lieu de cela elles ont brisé ceux qui se raidissaient contre elles. L'histoire des coalitions en

Angleterre, a dit M. Théodore Fix dans son ouvrage sur les classes ouvrières, n'est qu'une série de douloureuses déceptions pour les ouvriers. Les résultats ont été presque invariablement les mêmes. Ou les ouvriers ont été forcés de rentrer dans les ateliers après des chômages plus ou moins longs, et cela aux conditions que leur offraient les maîtres; ou ils sont parvenus à amoindrir certaines industries; ou enfin ils ont subi l'action des lois pour avoir troublé l'ordre, attaqué les personnes ou détruit les propriétés. Dans les cas très-rares où ils ont imposé des tarifs et des conditions aux maîtres, ils ont presque toujours été les premiers à renoncer à ces tarifs et à ces conditions. M. Léon Faucher, dans ses études sur l'Angleterre, a constaté les mêmes faits, confirmés d'ailleurs par les enquêtes parlementaires et qui ont été rappelés de nouveau par M. Wolowski dans un travail récent lu à l'académie des sciences morales et politiques. Si quelquefois les coalitions d'ouvriers ont réussi, ce n'a été que lorsqu'elles ont été entreprises sur une petite échelle et pour une branche toute spéciale d'une grande fabrication, par exemple dans la filature de coton. Les fileurs proprement dits qui ne forment souvent que le huitième ou le neuvième du nombre total des ouvriers occupés dans chaque établissement, mais dont le travail est nécessaire pour que le reste puisse fonctionner, ont pu réussir quelquefois par la menace d'une grève à se faire accorder par leurs maîtres des salaires exceptionnels; mais alors les fabricants ont dû réduire d'autant les salaires de leurs autres ouvriers, et l'unique résultat de ces combinaisons malheureuses a été de créer, parmi les ouvriers des mêmes fabriques, une sorte d'aristocratie qui s'enrichissait aux dépens de la masse. Ce sont là les seuls succès réels et tant soit peu durables que les coalitions aient jamais obtenus. Partout ailleurs, ou elles se sont brisées contre la résistance obstinée des maîtres, ou, quand elles ont réussi à les fléchir, elles ont ruiné leurs établissements, et par là privé de travail et de pain la masse des ouvriers qu'ils occupaient. C'est qu'en effet, quoiqu'on ait pu dire le contraire, les maîtres pressés par la concurrence, accordent en général à leurs ouvriers, sous la forme de salaires, tout ce que l'état de l'industrie leur permet d'accorder. La violence même ne saurait obtenir d'eux rien de plus; car, ou ils résistent obstinément, comme la nécessité même le leur commande, ou s'ils cèdent à la pression, ils succombent, et de toutes manières ils échappent à l'inexécutable loi qu'on leur impose. L'inutilité et l'impuissance des coalitions tant des ouvriers que des maîtres étant aussi bien démontrée, devons-nous en conclure que le législateur n'ait rien de mieux à faire que de proscrire dans tous les cas ces sortes de combinaisons, si sujettes d'ailleurs à entraîner après elles de funestes conséquences? Assurément non. D'abord la raison de droit s'y oppose ainsi qu'on l'a vu plus haut, et il n'est jamais bon ni utile de faire violence au droit. Que des hommes qui ont des intérêts communs s'entendent, se concertent pour veiller d'un commun accord à la conservation de ces intérêts, il n'y a rien au fond de plus simple et de plus légitime. Qui pourra dire d'ailleurs où la coalition commence? Comment la distinguer de ces simples pourparlers qui ont lieu journellement entre les hommes attachés à une même profession et qui engendrent si souvent des concerts et des résolutions purement fortuits? Il y a une considération non moins décisive à invoquer en cette matière, c'est qu'il est à peu près impossible de défendre les coalitions des maîtres parce qu'elles se dérobent trop facilement à l'action de la loi. Comment dès lors se croire autorisé à sévir contre les coalitions des ouvriers. Ce ne serait peut-être pas créer au profit des premiers, comme on le suppose souvent, un avantage de position réel, mais ce serait du moins en créer l'apparence, et laisser aux ouvriers un sujet de plaintes trop légitimes. Une seule chose doit être sévèrement interdite et punie par la loi, c'est la violence ou la contrainte que les coalisés seraient tentés d'exercer, soit sur les ouvriers engagés dans le même travail pour les forcer à suivre leur exemple, soit sur les maîtres qui les emploient pour les faire céder par la menace ou par la force à leurs injustes prétentions. C'est là en effet que le délit commence, et c'est là seulement que la loi et la justice peuvent intervenir avec raison. Si la loi permet les coalitions d'ouvriers, a-t-on dit, en se bornant à punir la violence à laquelle ces coalitions peuvent donner lieu, l'abus naîtra presque inévitablement de l'exercice même du droit. Entre une coalition paisible sur cette question des salaires qui les intéresse si fort et une coalition tumultueuse et violente, la pente est glissante pour les ouvriers, et il est difficile qu'ils s'y arrêtent. En fait, ils n'ont guère su s'y arrêter jusqu'à présent. S'ils ne le savent pas, disons-nous, qu'ils l'apprennent. C'est le fait de la loi de les arrêter précisément sur cette pente qui conduit du juste à l'injuste, et elle a sur ce point une bonne et utile leçon à leur donner. Qu'on l'essaie d'ailleurs et l'on verra s'il est aussi difficile qu'on le suppose de leur faire distinguer l'exercice du droit de son abus. L'essai a été fait en Angleterre, ajoute-t-on, et il n'a pas réussi. C'est là précisément qu'on s'abuse. On a invoqué une expérience qui est loin d'être aussi concluante qu'on le suppose. Dans le travail que nous avons cité précédemment, M. Wolowski a fait connaître l'état réel de la législation anglaise sur les coalitions, et a montré que cette législation avait été jusqu'à présent en France assez mal connue. Des explications fort précises de notre collaborateur il résulte que le parlement anglais a voulu à différentes reprises consacrer les principes que nous avons émis, en autorisant les coalitions paisibles et en se bornant à punir la violence dont elles pourraient devenir l'occasion, et que cette combinaison a échoué. Malgré la distinction fort clairement établie par la loi entre les concerts libres d'ouvriers et les moyens de contrainte exercés par eux, les uns ont presque invariablement conduits aux autres, et l'Angleterre est devenue sous ce régime le théâtre des plus déplorables conflits. Mais si M. Wolowski constate ces faits, il constate en même temps que l'insuccès de la loi anglaise doit être attribuée à ses imperfections, à ses lacunes, aux vices et aux lenteurs de sa procédure, ainsi qu'à un ensemble de circonstances tout à fait propres au régime industriel anglais. C'est là ce qui a presque toujours empêché de distinguer l'acte innocent de l'acte coupable et de poursuivre ce dernier en temps utile. C'est là ce qui a produit en Angleterre ces coalitions violentes et meurtrières dont elle a été tant de fois le théâtre, et qui n'ont cessé d'y exercer leurs ravages, que parce que les ouvriers ont eux mêmes compris qu'ils étaient toujours les premières victimes. Mais rien de semblable n'est à craindre en France où la loi est toujours plus nette, la procédure plus vive et la poursuite judiciaire plus assurée. Il n'a jamais été indifférent en France dans les cas de coalitions qui s'y sont produites de temps en temps, de discerner les actes violents et coupables des concerts paisibles, et de les punir comme ils le méritaient. C'est donc à tort qu'on conclut de l'exemple de l'Angleterre à ce qu'il convient de faire en France; et nous ne voyons en somme aucune raison valable qui autorise le législateur à s'y écarter des saines notions du droit. »

Ch. Coquelin.

La doctrine de Cherbuliez et de Coquelin consacre les plus grandes erreurs.

Les principales tiennent à ce que ces auteurs ne se sont

pas rendu compte des limites de la liberté industrielle et de la différence entre les associations paisibles et les coalitions. Ils semblent s'être trouvés sous la préoccupation de faits qui ne peuvent plus être invoqués de nos jours. La liberté industrielle limitée comme elle l'était en France au siècle passé, c'est-à-dire circonscrite par la libre concurrence, et la confusion faite sous Adam Smith entre les associations et les coalitions, ont conduit nos auteurs à des contradictions et à des paradoxes évidents.

Au siècle dernier, la liberté industrielle se résumait dans la libre concurrence. A cette époque on ne voyait dans la liberté d'industrie que le droit de se livrer au travail dégagé des liens que lui avaient imposés jusqu'alors les corporations et jurandes. La libre concurrence était l'idéal des théoriciens et l'espoir des travailleurs. Comme la liberté industrielle ne venait que de naître, on ne pouvait en saisir l'étendue et la portée. Elle n'était alors considérée que comme un régime opposé à celui des corporations. Le temps en éloignant celles-ci de nous, en faisant grandir la liberté et en lui donnant sa véritable physionomie, nous a permis de la comprendre et de la définir d'une manière plus distincte, plus vraie et plus complète. La liberté d'industrie quand il s'agit de maîtres et d'ouvriers, suppose comme nous l'avons dit en parlant de la question de droit, non-seulement la libre concurrence, c'est-à-dire la liberté de maîtres à maîtres, ou d'ouvriers à ouvriers, mais encore la liberté de maîtres à ouvriers et réciproquement. Il en résulte que sous un régime de liberté, la règle économique de l'offre et de la demande, implique non-seulement la libre concurrence c'est-à-dire une offre libre de maîtres à maîtres, une demande libre d'ouvriers à ouvriers, mais encore une offre et une demande libres de maîtres à ouvriers et réciproquement.

Adam Smith écrivait à une époque où l'on confondait en Angleterre, les associations avec les coalitions. De son temps le système règlementaire était en vigueur. Les salaires des travailleurs étaient fixés administrativement par les juges de paix. Ce n'est que dans la 53e année du règne de Georges III que le parlement abrogea les statuts qui donnaient au juge de paix le droit de déterminer les gages des ouvriers. Sous un tel système il fallait défendre aux ouvriers toutes sortes d'associations relatives aux salaires, soit que ces associations fussent paisibles et ne recourussent point à la contrainte morale ou physique, soit qu'elles y eussent recours. La loi ne pouvait distinguer et ne distinguait point l'association de la coalition, le concert pur et simple du concert avec contrainte ou violence. Cette confusion entre le droit et l'abus du droit, toute naturelle à l'époque où vivait Adam Smith, a passé dans bien des esprits qui ont cherché des leçons dans les écrits de l'illustre économiste. Ils n'ont pas su faire la part au droit et à l'abus, à l'association et à la coalition, et n'ont vu dans cette dernière qu'une application du droit d'association. Cette confusion au surplus était d'autant plus facile pour des Français qu'en France elle fut également faite dans les premières lois sur les coalitions, et que, ni en Angleterre ni en France, aucune disposition législative ne s'est attachée à tracer nettement, dans un texte de loi, la ligne entre le droit d'association et la coalition. — Du temps d'Adam Smith, les lois anglaises sur les associations et les coalitions des ouvriers avaient encore d'autres défauts. Tandis que les associations et les coalitions des ouvriers étaient impitoyablement proscrites, celles des maîtres n'étaient pas atteintes. Il était permis aux maîtres de former des associations soit tacites soit expresses et de recourir même à des coalitions. Toutes les rigueurs de la loi étaient dirigées contre les travailleurs ; toutes les faveurs étaient réservées pour les patrons. Comme l'industrie anglaise n'avait pas pris le développement qu'elle a de nos jours, et que les capitaux n'y avaient pas encore acquis cette puissance phénoménale de multiplication qui les distingue actuellement, les ouvriers se trouvaient dans une position d'infériorité et de misère incontestables. — Ces deux ordres d'idées, droit d'association et état de sujétion misérable des classes ouvrières, qui ressortent du travail d'Adam Smith, ont fixé l'attention de bien des esprits et provoqué peut-être en partie la plupart des écrits favorables aux coalitions.

C'est en partant des fausses prémisses, que la liberté d'industrie est comprise tout entière dans la libre concurrence, et qu'une coalition n'est qu'une union de volontés, une application du droit d'association, que Cherbuliez a été conduit à la justification des coalitions. Pour lui tous les avantages économiques de la liberté de l'offre et de la demande se réduisent à la libre concurrence; et la liberté pour les entrepreneurs d'industrie et pour les ouvriers respectivement de faire des coalitions n'est que le fait de convenir entre eux, les premiers, du prix auquel ils demanderont le travail dont ils ont besoin ou du prix auquel ils offriront les produits de leur industrie, les derniers, du prix auquel ils offriront le travail industriel qui les fait vivre. Il va de soi qu'avec de telles prémisses, les lois sur les coalitions ont tout l'air de mesures oppressives qui ont fait leur temps et dont il faut secouer le joug. On s'explique aussi que nos auteurs et surtout Coquelin, bien qu'impressionnés par les désastres que produisent parfois les coalitions, n'aient pas cru devoir dévier de la voie de la justice et de la légalité où ils se croyaient engagés. Mais ce qu'on ne comprend que difficilement chez des hommes spéciaux, c'est qu'ils aient pris pour base de leurs raisonnements des pétitions de principe. Ces écrivains ignorent-ils que dans toute science les assertions ne deviennent des vérités que lorsqu'on les a rattachées à leur source, c'est-à-dire aux principes. Ne savent-ils pas que dans l'espèce le raisonnement, la législation et l'histoire sont les plus sûrs moyens d'arriver à la découverte des principes et de la vérité. — Lorsqu'on analyse ce qu'est la liberté industrielle ou la liberté de l'offre et de la demande, on doit se dire qu'elle comprend non-seulement la libre concurrence mais encore la liberté entre l'ouvrier et le maître ou entre le producteur et le consommateur. Au point de vue de l'économie politique les personnes peuvent se diviser, comme nous verrons plus loin, en producteurs et en consommateurs. Les ouvriers produisent ou plutôt offrent leur travail ou leurs services productifs ; les maîtres consomment ou plutôt demandent lesdits services. Si l'économie politique exige une liberté complète pour les maîtres, c'est-à-dire entre les consommateurs, et pour les ouvriers, c'est-à-dire entre les producteurs, comment pourrait-elle se passer d'un régime semblable pour les maîtres et les ouvriers, c'est-à-dire entre les consommateurs et les producteurs. Il est certain que tous les avantages qui résultent de la libre concurrence, de la liberté de maîtres à maîtres et d'ouvriers à ouvriers, peuvent être supprimés par le manque de liberté dans les relations de maîtres à ouvriers. Il importe peu à la prospérité générale que le nombre des ouvriers puissent librement s'étendre, abaisser le prix des services productifs et par suite diminuer le prix des choses, s'il est permis aux ouvriers de chercher dans la pression ou dans la contrainte morale exercée sur les maîtres, par les coalitions par exemple, un correctif à ce nombre et un moyen d'empêcher qu'il produise ses effets naturels et nécessaires. Dans une hypothèse contraire, les effets de la libre concurrence entre les maîtres, effets qui doivent parfois amener la hausse des salaires, pourraient être empêchés par la contrainte des maîtres exercée sur les ouvriers. On ne peut nous objecter que les effets que nous venons de signaler dans les relations de maîtres à ouvriers ne sont pas destinées à durer, et que les lois économiques dont la puissance est irrésistible reprennent bientôt tout leur empire; car, cette objection s'applique en tout point à la libre concurrence, ou aux rapports de maîtres à maîtres ou d'ouvriers à ouvriers. Là aussi, la suppression ou l'amoindrissement de la liberté de ces rapports par le fait d'individus, isolés ou associés, ne peut durer qu'un temps et doit céder sous l'empire des lois économiques. La raison de droit d'ailleurs exige la liberté dans tous les cas et toujours, soit qu'il s'agisse de maîtres entre eux, ou d'ouvriers entre eux, ou de maîtres dans leurs rapports avec des ouvriers. Au surplus, l'histoire des coalitions industrielles, en Angleterre et en France, nous fait assister, à la proclamation et à la garantie de ces libertés alors surtout qu'il s'agit de contrats intervenus entre maîtres et ouvriers, et aux désordres de tous genres infligés à la société par l'oubli de ces principes tutélaires.

Lorsqu'on s'attache à pénétrer la notion d'une coalition industrielle, on voit que c'est une association qui se propose de recourir à la pression ou à la contrainte, soit morale, soit physique. Une coalition n'est pas une pure association, ou seulement un concert de volontés en vue de parvenir à la réalisation d'un bien ou à l'amélioration du sort des travailleurs; c'est une union d'intelligences, dans le but d'obtenir ce résultat, en forçant une ou plusieurs autres volontés, par la puissance du nombre et la menace explicite ou implicite d'un mal considérable et présent. Les ouvriers par exemple se coalisent non pas seulement pour atteindre un but profitable, mais encore, pour forcer la liberté de leur maître et lui faire entrevoir de grands dommages et même la ruine, s'il ne donne pas satisfaction à leurs exigences. La coalition ne peut donc être confondue avec l'association. La première, recherche un bien par la violation du droit ou de la liberté d'autrui, en un mot par la contrainte morale ou physique; la seconde, se borne, par l'union, à tâcher d'obtenir une condition plus prospère. Celle-ci est un droit; celle-là est un abus. Cette différence essentielle entre ces deux sortes de concerts a échappé à nos auteurs. Ils n'ont pas vu que les coalitions, surtout celles des ouvriers, impliquaient, dès qu'il y avait mise à exécution, les plus puissants moyens de contrainte à l'effet de hausser les salaires. S'ils avaient apprécié ce caractère important de toute coalition suivie d'exécution, il est certain qu'ils se seraient prononcés énergiquement contre celle-ci, puisqu'ils voulaient bannir toute contrainte morale. Cet oubli ou ce manque de pénétration, les a conduits à tolérer ces coalitions tout en proscrivant toute contrainte quelle qu'elle soit, de sorte qu'ils se sont contredits au point d'accorder un bill d'indemnité à une contrainte irrésistible et très-fréquente, tout en frappant des moyens de contrainte peu redoutables et très-rares. Pour se conformer à leur doctrine il faudrait laisser les coudées franches à des ouvriers qui voudraient parvenir à une hausse de salaires en signifiant à leur maître leur volonté commune de quitter en même temps le travail, et par suite de lui occasionner les plus grands dommages, peut-être sa ruine personnelle et celle de toute une industrie; on devrait au contraire sévir toujours contre quelques marchands de vin qui tenteraient, au moyen de la contrainte morale, de faire vendre, par un autre négociant, quelques pièces de vin au-dessus du cours déterminé par la libre concurrence; et cette dernière coalition devrait être frappée, non pas quand la contrainte aurait été exercée, mais alors même qu'elle ne se trouverait qu'à l'état de mesure concertée : d'après Cherbuliez en effet une coalition est complète, « dès qu'il y a accord entre les volontés pour exercer des mesures de contrainte ou de violence. » Une violation aussi flagrante des règles de la justice distributive, devrait à elle seule faire condamner la théorie de Cherbuliez. Mais ce qu'il y a de plus étonnant chez cet auteur, c'est la justification qu'il entreprend des coalitions dans les termes que nous avons déjà transcrits plus haut et que nous reproduisons ici : « On doit reconnaître que la liberté incomplète est presque la position ordinaire et normale du travailleur salarié, lorsqu'il traite individuellement avec ceux qui lui achètent son travail. Frappé par des besoins dont la satisfaction ne saurait en aucune façon être ajournée, il est le plus souvent hors d'état de lutter avec l'entrepreneur d'industrie pour lequel une interruption de travail n'entraîne jamais une suppression même partielle des moyens d'existence ou ne pourrait amener cet effet que dans un avenir fort éloigné. Le correctif de cette inégalité de position se trouve dans la supériorité du nombre des ouvriers, dans leur plus grande agglomération ou plutôt dans la faculté qui en résulte pour eux de s'entendre, d'unir leurs volontés, de formuler collectivement leur offre de travail. La coalition, voilà le moyen naturel, régulier, légitime que le régime de la libre concurrence leur fournit de résister à la puissance du capital; moyen naturel, disons-nous, à cause de l'homogénéité de position et d'intérêts qui existe par la nature même des choses entre tous les ouvriers d'une même industrie, et surtout entre ceux qui appartiennent à une même entreprise industrielle; moyen régulier, puisqu'il ne fait que régulariser la manifestation de volontés individuelles, qui étaient identiques avant de former une volonté commune, moyen légitime enfin, car dans l'arrangement qni intervient pour la fixation des salaires, si le fabricant est à lui seul une des parties contractantes les ouvriers représentent collectivement l'autre partie, la partie qui offre, et quand ils formulent en commun les conditions de leur offre, ils ne font qu'user de la liberté assurée également aux deux parties intéressées. Ils ne doivent être ni plus ni moins libres dans leur offre que le fabricant ne l'est dans sa demande. » Le fond de ce système est celui de tous les systèmes qui ont défendu les coalitions. On voit l'infériorité de position de l'ouvrier et l'on cherche dans la résistance ou la contrainte morale, un moyen de remédier à cet état de choses. On perd de vue que cette situation est le résultat de lois sociales auxquelles on ne peut porter atteinte ou sur lesquelles on ne peut même exercer une pression quelconque sans occasionner les plus grands maux.

Les ouvriers subissent, il est vrai, souvent la loi du capital, par cela même que leur offre est plus considérable que la demande des capitalistes, ou ce qui revient au même, que leur nombre dépasse le chiffre fixé par les exigences des capitaux. Les seuls moyens d'atténuer le mal qui en résulte pour la classe ouvrière, c'est d'amener par de bonnes institutions un changement dans ce rapport, la création par exemple de richesses nouvelles ou de capitaux nouveaux, ou bien un moindre accroissement dans la population. Toute mesure de contrainte ou de résistance de la part des travailleurs n'aboutit, comme nous le démontre l'histoire des coalitions, qu'à des troubles et qu'à une plus grande misère. Ce résultat a été uniformément le même dans tous les pays. Il n'est pas dû, comme l'ont cru quelques écrivains, à l'imperfection de la société, mais à l'inflexibilité des règles économiques qui déterminent la position des ouvriers, ainsi qu'au principe dangereux de coaction ou de contrainte qui forme l'âme de toute coalition. Dans une société bien organisée il ne peut y avoir impunément un droit de résistance contre les lois immuables de l'ordre social. La proclamation d'un pareil droit est la méconnaissance la plus claire de ces lois, c'est le désordre et l'anarchie. Comme nous l'avons déjà dit, il importe peu que la résistance soit morale ou physique ; l'une est aussi contraire aux lois sociales et par suite aussi *illégitime* que l'autre. La résistance morale en outre, comme nous l'enseigne l'histoire, est plus redoutable que la résistance physique et conduit au surplus presque toujours à celle-ci. Il ne peut pas en être autrement. Quand on dit par exemple à des ouvriers, et que ceux-ci s'imaginent, que le capital les opprime, qu'ils ont le droit de lui résister et de se coaliser contre lui, ces ouvriers ne peuvent pas faire et ne font pas distinction entre les moyens de résistance ; ils agissent avec la logique du désespoir. Dès que la résistance ou la violence morale est un droit, la résistance ou la violence physique devient moins odieuse. Quand l'une ne peut pas aboutir, les masses s'adressent à l'autre, et trouvent souvent encore des apologistes. — La principale pierre d'achoppement de toutes les théories favorables aux coalitions est en définitive la légalité. Toutes sont illégales parce qu'elles sont contraires aux lois, à la liberté qui gouverne nos sociétés modernes. Elles échouent toutes lorsqu'il s'agit de démontrer le caractère légal des coalitions. Pour y parvenir, Cherbuliez suppose qu'il n'intervient entre le maître et tous ses ouvriers qu'un seul contrat, en vertu duquel le premier fait une demande et les seconds font une offre collective. Avec une telle prémisse, on arrive nécessairement à consacrer pour les ouvriers le droit de refuser en même temps de travailler, la liberté de l'offre et de la demande exigeant que les ouvriers puissent tous ensemble refuser leurs services, tout comme le maître peut refuser les siens. Mais cette prémisse n'est, à l'évidence, qu'une pétition de principe contraire aux faits les plus connus. Ce n'est pas collectivement, mais individuellement que les ouvriers font avec leur maître des contrats de louage de services. Ces contrats diffèrent d'après les capacités des travailleurs, le genre de travail auquel ils s'appliquent et bien d'autres circonstances encore. Dire que les ouvriers ne font collectivement qu'un contrat avec leur maître, c'est énoncer une contre-vérité flagrante qu'on s'étonne de trouver chez un écrivain et surtout chez un économiste.

SECTION II.

DU NOUVEAU PROJET DE LOI BELGE SUR LES COALITIONS DES MAÎTRES ET DES OUVRIERS.

La Chambre des Représentants a adopté, par un premier vote, des dispositions destinées à remplacer les art. 414, 415 du Code pénal de 1810. Elles forment les art. 346, 348 du nouveau projet du Code pénal belge et portent :

Art. 346. « Toute cessation de travail faite par suite de coalition, soit entre ceux qui travaillent, soit entre ceux qui font travailler, et en violation des conventions ou sans que les délais d'information fixés par l'usage aient été observés, sera punie d'une amende de vingt-six francs à mille francs, et d'un emprisonnement de huit jours à trois mois, ou de l'une de ces peines seulement. — Ces peines pourront être élevées jusqu'au double à l'égard des chefs ou moteurs. »

Art. 348. « Sera punie des mêmes peines toute personne qui aura commis des violences, prononcé des injures, des menaces, des amendes, des défenses, des interdictions, ou toute prosciption quelconque, soit contre ceux qui travaillent, soit contre ceux qui font travailler, et qui seraient attentoires à la liberté du travail. — Il en sera de même de tous ceux qui par des rassemblements près les établissements où s'exerce le travail ou près de la demeure de ceux qui la dirigent, auront porté atteinte à la liberté des maîtres et des ouvriers. »

Ces articles se trouvent expliqués dans le rapport suivant de M. Pirmez, rapport fait au nom de la commission législative :

« L'opinion publique se préoccupe vivement de notre législation sur les coalitions.

« Les questions que la révision de cette législation soulève sont dignes de toute l'attentiou des jurisconsultes et des économistes.

« Les dispositions que nos tribunaux appliquent encore sont-elles en rébellion ouverte avec les principes de notre Constitution sur la liberté d'association et l'égalité des citoyens devant la loi; sont-elles attentatoires au droit, en discordance complète avec le régime du travail libre, parce qu'elles tendent à le régler; en un mot, constituent-elles des rigueurs inutiles et même nuisibles aussi bien qu'injustes ?

« Ces dispositions ne font-elles au contraire qu'empêcher la liberté d'association créée pour les personnes, d'englober dans sa sphère la disposition des choses qui lui sont étrangères; ne respectent-elles pas le droit des citoyens, parce qu'elles en consacrent l'exercice individuel; ne garantissent-elles pas le travail libre au lieu de l'opprimer en le soustrayant à la pression de corporations formées en dehors des lois; en un mot, ne sont-elles pas l'effet d'une sage prévoyance du législateur, écartant de l'industrie des désastres dont une imprudente licence l'a affligée dans d'autres pays?

« Telles sont les appréciations opposées qui se disputent la solution du problème posé ainsi dans ses termes les plus généraux.

« Il est toutefois dans ce conflit un point sur lequel l'accord existe généralement, mais qui n'avance guère la décision du principe, c'est que l'inégalité de position établie par la loi entre le maître et l'ouvrier ne peut être maintenue. Cette inégalité résulte non-seulement de la différence de pénalité, de ce que les moteurs de l'infraction ne sont punis plus sévèrement que dans les coalitions d'ouvriers et de l'omission complète de répression pour les violences et autres actes attentatoires à la liberté commis par les maîtres, mais surtout d'une différence fondamentale dans la définition du délit de coalition.

« L'art. 414 du Code pénal de 1810 ne punit, en effet, la coalition de ceux qui font travailler que lorsqu'elle tend à forcer *injustement* et *abusivement* l'abaissement des salaires.

L'art. 415 sévit au contraire contre toute coalition des ouvriers pour *suspendre, empêcher, enchérir les travaux*, quelle que soit d'ailleurs, d'après les circonstances, la légitimité du but poursuivi. — Cette différence entraîne dans la pratique une criante iniquité. Tandis que la justice, enchaînée par le texte, ne parvient pas à atteindre les maîtres se coalisant cependant au vu et au su de tout le monde, la répression est fréquente contre les ouvriers.

« Deux moyens ont été proposés pour remédier à cet état de choses.

« Le premier est adopté par la loi française du 1er décembre 1849 ; il consiste à supprimer dans l'art. 414 ces mots essentiels *injustement* et *abusivement*. Le second est proposé par le projet du gouvernement ; il consiste à ajouter ces mots à l'art. 415.

« La loi française rétablit l'équilibre en soumettant les maîtres aux inflexibles défenses portées contre les ouvriers ; le projet restaure l'égalité en ouvrant à ceux-ci l'échappatoire dont le Code a pourvu les maîtres. Mais ni l'un ni l'autre de ces replâtrages législatifs ne rend acceptables les articles du Code de 1810.

« La crainte d'un danger, provoque souvent, mais ne justifie jamais une répression aveugle ; quelques périls qu'on voie dans le développement des coalitions, il faut se garder de sévir contre des faits inoffensifs. Si deux ou trois ouvriers aujourd'hui se concertent sur le taux de leur salaire et si, reconnaissant qu'ils peuvent en réclamer une augmentation, ils en font la demande simultanée ou se décident à renoncer ensemble à un travail auquel cependant rien ne les astreint pour chercher ailleurs des conditions meilleures, ils tombent sous le coup de la défense légale. Or, comment expliquer une semblable rigueur ? Si pour des faits plus graves, on considère la peine comme une nécessité, on doit chercher à ce que la nécessité soit comprise de ceux mêmes qui la subissent : mais ce but ne sera jamais atteint quand la loi aura confondu dans une même proscription et les actes dangereux et ceux dont l'innocence est manifeste. La répression ne heurte pas le sens moral sans que son influence s'amoindrisse; la peine cesse d'être utile, quand elle est devenue odieuse; elle s'use, si elle paraît là où l'on ne voit pas un danger prêt à éclore. Cette sévérité outrée en ce qui concerne les ouvriers est un vice radical de la législation actuelle; il doit disparaître, et ce n'est évidemment pas y remédier, que de l'étendre, comme l'a fait la loi française, aux dispositions relatives aux maîtres. Ajoutons, que comme l'a fait remarquer M. Frison dans un rapport de la commission des pétitions, ce système de pondération et d'équilibre dans la rigueur n'est pas praticable d'une manière complète; les pénalités contre les maîtres et les ouvriers ne sont encourues que par les derniers, le concert de quelques chefs d'industrie peut facilement être tenu secret, tandis que le concert entre les ouvriers qui sont relativement très nombreux est toujours facile à constater.

« Le système du projet du gouvernement tempère, par l'addition dans l'art. 415, des mots *injustement* et *abusivement*, l'injustifiable rigueur de la loi française, mais il donne lieu à des objections non moins fondées. Et d'abord il est assez difficile de se rendre compte des conséquences pratiques de la modification proposée. Si en assimilant la rédaction de l'art. 415 à celle de l'art. 414, on rend la disposition de ce dernier article aussi inerte que l'a été celle du premier, il faut bien le reconnaître, mieux vaut les supprimer tous deux et faire disparaître de nos Codes des pénalités qui ne seront que d'inutiles épouvantails dont personne bientôt ne s'effrayera. Les conserver serait cacher la liberté qu'en réalité on accorderait.

« Mais admettons que la rédaction du projet conserve encore une force répressive endormie, il est vrai, jusqu'ici dans l'art. 414, mais que les tribunaux pourraient réveiller ; dans quels cas devraient-ils en faire l'application ?

« Deux manières se présentent d'interpréter les mots *injustement* et *abusivement*. Signifient-ils que la violation du droit d'un tiers, constitutive en général de l'injustice, est nécessaire pour que la coalition soit punissable ? Leur seule portée n'est-elle pas au contraire d'exclure de la peine les coalitions qui s'appuyeraient sur des griefs sérieux, que les tribunaux auraient le pouvoir discrétionnaire d'apprécier.

« Mais si l'on adopte le premier sentiment, il faut, pour exclure le doute, adopter une rédaction plus précise qui détermine cette condition essentielle de l'infraction. La *forme* de l'article doit le faire écarter.

« Si, au contraire, on veut que les juges décident en fait de la convenance de la coalition qui leur est déférée, l'article devient *au fond* tout-à-fait inadmissible. Rien ne serait en effet plus contraire à tous les principes de notre droit pénal et de notre organisation judiciaire que cet arbitraire que l'on substituerait à la définition légale et à la constatation des faits. Un même acte serait tantôt licite, tantôt puni d'après des circonstances variables qui remplaceraient l'immuabilité de la défense ; la coalition serait innocente ou coupable, suivant que ses auteurs auraient bien ou mal apprécié la situation industrielle, ou même leur propre intérêt ; l'erreur deviendrait une infraction, et les tribunaux répressifs auraient à vérifier non pas si tel fait a été commis ou non, mais à indaguer sur le taux existant ou possible des salaires, sur le prix des choses nécessaires à la vie, sur les bénéfices des maîtres, et ce serait de la solution aléatoire de ces questions si étrangères pour eux, que dépendrait l'acquitement ou la condamnation.

« Un tel système n'est pas possible.

« Ni le changement apporté en France à l'art. 414, ni l'amendement du projet à l'art. 415, n'établissent donc une législation qui satisfasse aux exigences du droit.

« Cet insuccès des tentatives d'amélioration dont ces articles ont été l'objet a déterminé votre commission à les abandonner pour rechercher les bases rationnelles sur lesquelles elle pourrait édifier un système nouveau.

« Il est avant tout important de ne pas confondre des faits entièrement distincts.

« La coalition n'a d'abord rien de commun avec les actes de violence qui tendraient à forcer certaines personnes à s'unir à d'autres dans un but déterminé ; la coalition se conçoit parfaitement comme concert paisible, de même que les actes de violence peuvent être commis en dehors de toute coalition.

« La coalition elle-même admet, d'après son but, deux espèces dont la légitimité est bien différente : elle peut être faite sans blesser le droit des tiers, comme elle peut avoir pour objet leur violation.

« Ainsi, si des ouvriers n'ayant aucun engagement, conviennent de ne pas travailler sinon à un certain prix, leur concert n'enfreint aucune obligation ; s'ils sont au contraire engagés pour un certain temps, ou s'ils ont pris l'obligation de parfaire un ouvrage déterminé, et qu'ils conviennent de quitter leur tâche au mépris de leur contrat, avant l'expiration du terme ou la fin de l'entreprise, ils lèsent certainement les droits de celui avec qui ils ont contracté.

« Si donc on examine les deux faits au point de vue du droit civil seulement, on arrive à cette conséquence incontestable que l'un est légitime, mais que l'autre ne l'est pas.

« Il résulte de ce qui précède que la matière qui nous occupe soulève trois questions particulières :

« 1° La coalition simple, c'est-à-dire celle qui n'est ni accompagnée de violences ou d'autres infractions, ni faite contrairement à des contrats, doit-elle être punie?

« 2° Si la coalition simple n'est pas punie, faut-il au moins prononcer une pénalité contre la coalition faite au mépris des contrats, ou faut-il la laisser réprimer par le droit civil?

« 3° Faut-il prononcer des peines spéciales contre les faits qui tendent à porter atteinte à la liberté du travail ?

« Examinons la première de ces questions.

« La coalition simple peut-elle être frappée d'une peine?

« La peine n'est légitime que si avant tout elle est juste.

« Elle est juste si l'acte qu'elle atteint est moralement criminel, ou s'il est proscrit par une défense du pouvoir agissant en exécution de sa mission sociale. Le rôle du législateur se borne, dans le premier cas, à constater cette criminalité ; il la crée dans le second, mais il sort des limites de son droit s'il ne se conforme pas aux règles constitutionnelles de son action, comme il manque à son devoir s'il entrave la liberté au-delà de ce que réclame le maintien de l'ordre qui la garantit.

« La coalition est-elle de soi un fait illicite?

« On ne peut le concevoir.

« La faculté de disposer de son travail ou de sa propriété est de droit naturel, comme de droit constitutionnel ; nul ne le conteste. Chaque ouvrier peut donc offrir ou refuser son travail et en fixer les conditions, comme chaque maître peut accepter ou non ces conditions. Deux ouvriers ou deux maîtres ont, de l'aveu de tous, le droit d'agir de la même manière séparément, ou même simultanément, pourvu que ce soit sans concert préalable. Mais comment, quand ce concert apparaît comme trait d'union entre ces deux actes, verrait-on naître un fait criminel? N'est-il pas évidemment impossible que deux faits licites en se joignant produisent un acte illicite ?

« On se demande d'ailleurs vainement quel droit lèserait ce concert qui serait le seul élément coupable du fait? Serait-ce le droit privé d'un tiers? Mais qui a des droits en dehors des contrats, sur le travail ou sur la chose d'autrui ? Serait-ce un droit social ? Mais quel serait ce droit? Et que fait d'ailleurs à la société, quand les choses se passent de la même manière, qu'elles soient ou non le produit d'un concert préalable ?

« La coalition n'est donc pas en soi illégitime ; et ce ne serait que par le droit que nous avons reconnu au pouvoir de proscrire les actes attentatoires au maintien de l'ordre, que l'on pourrait justifier la prohibition de se coaliser.

« Mais c'est dans l'exercice de cette attribution que la loi doit garder une extrême réserve, et c'est contre son usage excessif que sont précisément prises les dispositions constitutionnelles qui garantissent des libertés en proclamant des droits.

« Toutes les libertés offrent des dangers, parce qu'il n'en est pas dont l'abus ne soit possible, et elles ne sont jamais entamées que parce qu'on invoque ces dangers. Quand la loi se borne à sévir contre les excès coupables, elle laisse toute son étendue à l'activité individuelle, mais alors les actes permis ne sont séparés que par une ligne des actes criminels ; c'est le système exclusivement répressif dans toute son intégrité. Quand au contraire le législateur interdit des faits par eux-mêmes inoffensifs, mais voisins de faits délictueux, il élargit la séparation, il crée une espèce de boulevard contre les excès qu'il redoute, mais il empiète ainsi nécessairement sur le domaine de la liberté ; c'est une des manifestations du système préventif.

« Punir la coalition simple qui en soi ne blesse pas le droit, c'est évidemment faire application de ce second système.

« La Constitution le permet-elle?

« En proclamant nos grandes libertés, la Constitution a eu plus de foi dans leurs avantages que de crainte de leurs périls, et elle a imposé sa foi au législateur en proscrivant, quant aux actes qui dépendent de ces libertés, les restrictions qu'une prudence moins confiante eut tenté d'y apporter.

« A quoi servirait de décréter constitutionnellement la liberté des cultes, de la presse, de l'enseignement, de l'association, si la loi pouvait ensuite, en définissant arbitrairement des infractions, défendre des actes qui ne sont que l'usage de ces libertés? Évidemment le cercle d'action de ces libertés est un champ réservé, où la loi ne peut introduire les mesures de police, dont partout ailleurs elle n'a qu'à juger l'opportunité ; elle doit attendre le mal même pour le réprimer, et le mal découle de la nature des choses et non d'une volonté humaine ; le constater est en ces matières la seule mission qui incombe au législateur, et il a d'autant plus à ne pas l'outrepasser que ses décisions ne relèvent que de lui-même.

« Pour que la loi puisse interdire la coalition simple, il

faut donc, ou qu'elle constitue de soi un acte coupable ou que, par ses éléments elle sorte des facultés constitutionnellement garanties aux citoyens.

« Mais nous avons déjà montré qu'elle ne blesse aucun droit et n'a rien de naturellement illicite, et que son seul caractère incriminé est le concert de plusieurs. Mais ce concert n'est-il pas précisément l'essence même du droit constitutionnel d'association? N'est-il pas cette union de volonté et de puissance individuelle qui est l'association elle-même.

« Nos tribunaux ont été souvent appelés depuis 1830 à appliquer les lois sur les coalitions; de nombreuses condamnations ont été prononcées, et chose remarquable, si toutes ces décisions supposent la conciliabilité de ces lois avec le pacte fondamental, on cherche vainement dans les monuments de la jurisprudence une décision expresse sur cette question cependant si sérieuse.

« Cette constance de l'application des articles du Code de 1810 inspire naturellement de la défiance sur la conséquence où conduisent les observations qui précèdent. La rédaction des principes constitutionnels est nécessairement très large et une extrême circonspection doit présider à leur interprétation. Aussi ne voulons-nous pas formuler par une conclusion précise un jugement d'inconstitutionnalité, inutile pour étayer le projet de la commission ; nous nous bornerons à signaler à l'attention ce point délicat, en considérant cependant comme certain, que si la prohibition des coalitions est encore constitutionnellement admissible, elle n'est en harmonie ni avec l'esprit de l'œuvre du Congrès ni avec les tendances de nos institutions.

« Mais négligeons maintenant ce côté si important du débat et faisant abstraction et des droits naturels des ouvriers ou des maîtres et des préoccupations constitutionnelles, circonscrivons notre examen sur le point de savoir s'il est réellement nécessaire ou utile de proscrire la coalition simple.

« Il n'est peut-être pas inutile d'indiquer ici comment ces lois ont été introduites dons notre législation.

« Nées sans doute d'un besoin de mutuel appui pour résister à la puissance féodale, les corporations jetèrent dans presque tous les pays de l'Europe des racines profondes qu'entretenaient les nombreux intérêts engendrés par leurs abus mêmes. Aussi lorsqu'elles eurent perdu leur utilité politique pour ne conserver que leurs désavantages économiques, elles avaient encore une force de résistance qui fit échouer la première tentative de les abolir ; leur suppression radicale prononcée par l'édit de février 1776, se changea, sur les réclamations auxquelles le parlement de Paris donna le poids de son autorité, en une réformation qu'opéra l'édit du mois d'août de la même année. En présence de ces institutions puissantes, il ne suffisait pas d'ouvrir les portes de la liberté pour changer le régime séculaire de l'industrie. Aussi Turgot, qui eut à subir le glorieux échec du premier de ces édits, y avait-il inséré tout à la fois la faculté d'embrasser et d'exercer toute espèce de commerce et de profession d'arts et métiers, et la défense à tous maîtres, compagnons, ouvriers ou apprentis, de former aucune association ni assemblée entre eux, sous quelque prétexte que ce pût-être.

« Il était nécessaire de dépasser le but pour l'atteindre.

« L'Assemblée constituante l'éprouva bientôt, lorsqu'elle appliqua son énergie renovatrice à la destruction des corporations. Elle en avait depuis quelques mois seulement prononcé la suppression lorsqu'on lui signala les tentatives faites de toutes parts pour raviver les corporations anéanties.

« Elle pourvut aux besoins de la situation par le décret des 14-17 juin 1791, dont l'art. 1 indique en ces termes le but et la portée : « L'anéantissement de toutes les espèces de « corporations des citoyens d'un même état et d'une même « profession, étant une des bases fondamentales de la Con- « stitution française, il est défendu de les rétablir de fait « sous quelque prétexte et quelque forme que ce soit. »

« Telle fut l'origine de la première loi sur les coalitions ; elle naquit des circonstances ; la résistance des institutions antiques qu'il fallait renverser nécessita l'emploi de moyens offensifs, tandis que la liberté large laisse faire, se borne à repousser, mais n'attaque jamais ; ce fut une réaction contre des abus passés.

« Faut-il démontrer l'inconséquence de cette mesure et son inutilité aujourd'hui ?

« Quand Turgot faisait proclamer la liberté de l'industrie, il disait : « Dieu, en donnant à l'homme des besoins, en lui « rendant nécessaires les ressources du travail, a fait du droit « de travailler la propriété de tout homme, et cette propriété

« est la première, la plus sacrée et la plus imprescriptible de « toutes. »

« Ce principe est la pierre angulaire de la liberté industrielle ; c'est par lui qu'ont été abolies les jurandes et les maîtrises ; mais comment vouloir défendre de se concerter ou de s'associer précisément quand le concert et l'association portent sur cette propriété dont la libre disposition est plus sacrée que celle de toute autre?

« Et qui pense aujourd'hui à ressusciter les corporations? leurs traces mêmes ont disparu et elles sont mortes même dans la mémoire des hommes.

« Le régime ancien a imposé la coalition, le régime actuel le proscrit; la conséquence logique du principe admis est de ne l'imposer ni de la proscrire, mais de la laisser libre.

« La cause de l'introduction des dispositions hostiles aux coalitions a donc disparu, il faut bien le reconnaître; mais n'est-il pas encore des dangers à prévenir, et ne justifient-ils pas assez le maintien de ces dispositions?

« Les dangers dont on peut se préoccuper sont de deux espèces différentes.

« La liberté des coalitions n'aurait-elle pas pour conséquence d'amener une grande perturbation dans le taux des salaires? Ne sera-t-il pas abaissé si l'union des maîtres l'emporte, et cela au grand détriment de nos classes laborieuses ; ne s'élèvera-t-il pas au contraire de manière à ruiner notre industrie, si l'esprit d'association se développe plus énergiquement chez les ouvriers ?

« N'a-t-on pas d'autre part à redouter que cette liberté n'ait pour conséquence ces faits déplorables, ces désastres même dont l'industrieuse Angleterre a eu tant à souffrir ? L'ordre public ne peut-il être gravement compromis dans ces secousses profondes que les coalitions ont imprimées quelquefois au travail et dont leurs auteurs ont été presque toujours les premières victimes.

« De ces deux dangers on comprend aisément que le premier n'est à craindre que des coalitions des maîtres, et que les coalitions d'ouvriers menacent seuls du second.

« Le nombre des industriels est toujours infiniment moindre que celui des ouvriers ; on n'en compte que quelques-uns souvent dans une même localité ; leurs ligues se forment donc et atteignent bien plus aisément la généralité qui en fait la force que celles des ouvriers. La résistance des maîtres, appuyée sur le capital, peut d'ailleurs toujours être plus longue. Aussi, lorsqu'une lutte s'engage entre les deux partis également organisés, la victoire ne favorise-t-elle pas les ouvriers ? L'expérience de l'Angleterre est décisive à cet égard. Les efforts les plus énergiques des sociétés fortement organisées, la patience la plus résignée, le dévouement aux ordres des chefs porté jusqu'au crime, des ressources immenses déversées au foyer de la résistance par des associations embrassant dans un vaste réseau le pays entier, rien n'a réussi à faire prévaloir les exigences des ouvriers.

« Craindrait-on au contraire l'abaissement des salaires par la coalition des maîtres ? Mais ici notre propre expérience répond. Ces coalitions en fait ne sont pas réprimées, elles existent à l'ombre du texte restrictif du Code ; ont-elles abouti ! On ne le soutiendra pas, et cependant elles ont l'assurance ne ne pas rencontrer l'obstacle d'une ligue rivale. C'est que le taux du salaire est fixé non par des arrangements arbitraires, mais par des faits économiques, multiples et indomptables, qui finissent toujours en un temps très court par briser les résistances qu'ils rencontrent.

« L'abolition de la proscription de la coalition simple doit donc, en rétablissant l'équilibre, aujourd'hui rompu en faveur des maîtres, bien loin d'effrayer, rassurer plus contre les abus que la législation actuelle.

« Ce n'est guère d'ailleurs sur ce point que les préoccupations se portent ; les éventualités qui effrayent, ce sont ces grèves tumultueuses jetant l'interdit sur certains ateliers, s'affiliant par la terreur ceux que leur volonté n'y entraîne pas, éclatant parfois tout à coup avec une soudaineté qui étonne autant que la frivolité de leurs causes, et compromettant toujours l'industrie et l'ordre public.

« Certes, si l'Angleterre ne devait d'avoir été si souvent frappée par ce fléau qu'à la liberté des coalitions, et si l'on pouvait croire que nos lois sur cette matière ont été le bouclier qui nous en a préservés, ces lois mériteraient toute notre reconnaissance et tout notre respect, et ce ne serait qu'en tremblant qu'il faudrait y porter la main.

« Mais quand on se rend compte des faits et de la législation anglaise, on ne tarde pas à bannir une pareille illusion.

« Chaque peuple a par ses mœurs une tendance à céder à des entraînements auxquels résiste une autre nation.

« Nulle part, la propension des classes laborieuses à chercher dans de vigoureuses associations une amélioration de position ne s'est montrée au même degré qu'en Angleterre. La loi n'a cependant pas là moins énergiquement qu'ailleurs opposé les défenses et les peines à cette propension. Trente-six statuts furent promulgués sur cette matière à partir du règne d'Edouard I ; presque au même moment où les lois françaises proscrivaient les coalitions, paraissait en Angleterre le grand statut sur cette matière dont les dispositions ne le leur cèdent pas en rigueur. M. Wolowski, à un mémoire de qui nous empruntons ces données sur la législation anglaise, le résume ainsi : « Ce statut prononce l'illégalité de « toutes les concessions, autres que celles passées entre les « entrepreneurs et leurs ouvriers, et il s'occupe de frapper « sévèrement toute manœuvre dans le but d'élever des salaires, « de diminuer le travail, d'empêcher les maîtres d'employer « qui ils veulent. Une peine de trois mois avec procédure « sommaire devant deux juges atteint le délit ou la tentative « du délit; elle s'applique à ceux qui empêchent le louage « d'industrie, qui provoquent à quitter le travail ou qui « refusent sans motifs légitimes de travailler avec d'autres « ouvriers. La convocation des meetings dans ce but, l'invi- « tation adressée ou l'intimidation exercée pour amener à en

« faire partie, sont également punies, en même temps que « les cotisations sont interdites sous peines de confiscation « et d'amende. » A côté de cette loi spéciale se trouvait encore la loi générale, soumettant au jury avec commination d'emprisonnement et d'amende, tout concert dans un but illicite ou par un moyen illicite qui porte préjudice à la chose publique, disposition s'appliquant même à des faits irréprochables quand ils sont accomplis isolément, et notamment à la cessation simultanée de travail. Certes, si c'était à nos lois répressives que nous dussions de n'avoir pas eu à subir les funestes effets des coalitions, cette double législation en eût aussi en Angleterre été un efficace préservatif. A-t-elle atteint son but? Il est constaté que les coalitions furent, sous le statut de Georges III, plus nombreuses et plus violentes que jamais.

Aussi, quand en 1823, un comité fut nommé pour procéder à une enquête sur cette matière, il déclara que non-seulement les lois n'ont pas été efficaces pour les coalitions, mais qu'elles ont eu pour effet de produire une irritation et une défiance mutuelle, de donner un caractère violent aux coalitions et de les rendre éminemment dangereuses.

« Le parlement adopta, en 1824, cette manière de voir, il demanda à la liberté des actes inoffensifs, le remède contre des passions qu'une excessive répression avait contribué à envenimer. La loi commune et les lois spéciales furent abrogées et l'on chercha à séparer les faits de nature si diverse placés sur le même rang par le statut de Georges III;

on voulut permettre à chacun d'agir suivant son libre arbitre, en autorisant tout à la fois l'entente pacifique et volontaire des ouvriers et en réprimant énergiquement les actes ayant un caractère de contrainte vis-à-vis de ceux qui refuseraient de se coaliser; ces actes durent être soumis à la juridiction spéciale de deux magistrats dont l'action est plus prompte et moins embarrassée de formalités que celle du jury.

« Cet acte de 1824, si différent de ceux qui le précèdent manqua cependant complètement son but, par suite des circonstances au milieu desquelles il fut porté. Les coalitions ne s'étaient guère produites sous la législation précédente, qu'accompagnées de faits de violence. « Il est impossible, dit « M. Wolowski, de supposer que des hommes qui vivent à « côté les uns des autres, et dont les intérêts sont communs, « peuvent renoncer à s'entendre; les obstacles ne font que « pousser à la violence.... Les hommes qui savent qu'on les « regarde comme criminels pour un fait innocent en lui« même, se laissent aller à l'aggraver par des actes coupables; « ils choisissent alors les moyens les plus efficaces et les « plus directs, c'est-à-dire l'intimidation et la violence. « Mais la limite entre ce qui doit être permis et ce qui doit « être défendu est fort difficile à tracer; les ouvriers pensè« rent que l'acte de 1824, ouvrait libre carrière à tous les « moyens de pression destinés à faire triompher leurs « exigences. »

« Des faits graves se produisirent, des attentats criminels furent commis contre les personnes et les propriétés. Saisi de nouveau de cette matière délicate, le parlement modifia en 1825 l'acte de 1824, mais il se garda de revenir aux anciennes dispositions condamnant des faits inoffensifs pour en prévenir de coupables.

« Les réunions ou meetings ne furent pas interdites, mais la loi commune fut remise en vigueur, et ses résolutions prises purent encore engager les personnes présentes, elles durent être soumises au jury quand on avait voulu les étendre à des tiers.

« Le fond des dispositions de l'acte de 1825 fut d'ailleurs le même que celui de l'acte de 1824 ; les changements principaux consistèrent en ce que l'intention abusive et mauvaise exigée comme élément essentiel de l'infraction par l'acte de 1824 ne dut plus être établie, et en ce que la décision des deux magistrats ne fut plus en dernier ressort, mais soumise à l'appel devant le jury, moyennant une caution de deux livres sterling.

« Cette loi échoua comme ses ainées. Mais ce serait mal la juger au fond que de l'apprécier par ses résultats : La clause autorisant l'appel a, suivant M. Senior, plus nui que tout le reste, à l'exacte application de la loi. « La caution est « toujours fournie des fonds de la coalition, la poursuite se « prolonge, et la peine, vue à distance, perd de son effet. La « grève ne dure pas si longtemps, les parties s'arrangent et « et il est naturellement entendu que les poursuites seront « abandonnées.

« L'absence de la partie publique favorise cet état de

« choses qui maintient tout le danger de la violation de la « loi. Une bonne législation sur les coalitions se résume en « deux mots : il faut prévenir la violence et l'intimidation « et faciliter la preuve du délit. La loi de 1825 se propose « ce double but, mais elle est loin de l'atteindre. Elle veut « que le travailleur soit vraiment libre, convaincue qu'il « usera de cette franchise personnelle dans son intérêt, et « dans l'intérêt général. Pour réaliser cet idéal, il faudrait « d'autres mesures plus prévoyantes et plus sévères que « celles qu'elle a sanctionnées.

« L'événement n'a prouvé que trop l'inefficacité des nou« velles prescriptions, qui, conçues dans un excellent « esprit, échouèrent contre les ambages de la procédure; « car en cette matière plus que partout ailleurs, le vieil « adage a raison : la forme emporte le fond. »

« On voit par cet aperçu, combien il serait injuste d'attribuer à la faculté laissée aux ouvriers de se concerter sur leurs intérêts, les funestes excès dont certaines coalitions ont été suivies. L'Angleterre a subi ces excès, et lorsque ce concert était interdit comme il l'est chez nous, et depuis qu'elle l'a autorisé ; elle a abandonné notre système actuel de le proscrire, parce qu'elle a pensé qu'il avait été non un remède au mal, mais une de ses causes originelles ; trente-cinq ans se sont écoulés depuis et elle n'a pas repris ses anciens errements. Mais sa législation est entachée d'un vice radical, et il faut veiller à l'écarter de la nôtre. C'est de ne pas réprimer énergiquement et efficacement tout ce qui tient de la violence.

« Nous n'avons pas toutefois à craindre que les dispositions pénales de nos lois soient paralysées par des difficultés d'application. Le ministère public a l'œil toujours ouvert sur les infractions ; lorsqu'elles sont commises, aucun pouvoir ne peut en arrêter la répression, notre procédure répressive est simple et fait suivre de près le délit par la condamnation.

« Nous avons donc une double cause d'espoir de ne jamais avoir à traverser les tristes épreuves de faits semblables à ceux qui se sont produits en Angleterre ; l'absence de ces faits sous le régime actuel qui, là, les a plutôt développés qu'empêchés et la supériorité de notre procédure répressive.

« Mais s'il fallait proscrire le droit d'association en matière d'industrie, parce qu'on lui assignerait de déplorables conséquences dans un pays voisin, ne trouverait-on pas dans un autre des faits à citer pour le condamner aussi en matière politique? Mais il ne faut jamais oublier que si la liberté a ses excès possibles, elle est aussi souvent la soupape de sûreté qui prévient des explosions.

« Tels sont les motifs qui portent votre commission à vous proposer de supprimer les peines qui frappent la coalition lorsqu'elle est dégagée de tout autre élément.

« Examinons maintenant la deuxième question que nous nous sommes posée.

« Si la coalition simple peut être tolérée, ne faut-il pas

au moins sévir contre la coalition faite pour violer des contrats ?

« Constatons tout d'abord combien le terrain du débat est changé.

« Dans la coalition simple aucune lésion de droit ne se montrait.

« Dans celle qui va nous occuper, un fait illicite apparait tout d'abord.

« Nous étions en présence d'un acte légitime, nous sommes en présence d'un acte injuste.

« Une première conséquence à tirer de cet antagonisme de situation, c'est que si la loi ne doit pas punir le premier, et ne le peut même que pour des raisons toutes spéciales, que nous n'avons pas rencontrées, elle doit réprimer le second, parce qu'elle a pour mission de sauvegarder le droit.

« Mais sera-ce seulement par des moyens civils, qu'elle exercera son action, ou y ajoutera-t-elle la coercition d'une pénalité ?

« Telle est toute la question.

« Nous avons rappelé, que la peine est légitime quand elle est juste et utile.

« Dès que l'on se trouve en présence d'un acte attentatoire au droit, la commination d'une peine n'a rien qui blesse la justice, et il reste seulement à examiner si la répression pénale est utile.

« La décision à prendre ne dépend pas de la nature du droit lésé, mais de ce qu'il réclame pour être sauvegardé.

« Il faut tout à la fois éviter de prodiguer les peines et maintenir force et respect au droit.

« Quand l'action civile suffit à réprimer les manquements au droit, l'action publique doit être écartée ; mais quand la première serait impuissante, la seconde doit lui porter assistance.

« Ainsi le droit de propriété est le même sur les immeubles que sur les meubles.

« En général pourtant l'usurpation d'un fond de terre ne donne pas lieu à l'application d'une peine, tandis que l'enlèvement d'un objet mobilier est puni et cette différence trouve sa complète justification dans cette double circonstance que le premier attentat est aussi facile à constater et à réprimer que l'autre l'est peu ; de là résulte l'inutilité de la protection pénale pour la propriété immobilière, et sa nécessité pour la propriété mobilière.

« Evidemment les droits d'obligation peuvent se faire respecter dans presque tous les cas par les poursuites civiles, et il y aurait un immense danger à généraliser la commination des pénalités en cette matière ; c'est uniquement cette absence de nécessité qui fait écarter la peine, car le droit personnel est en lui-même aussi respectable, aussi sacré que le droit réel qui presque toujours ne dérive que d'un contrat.

« Exceptionnellement la loi garantit cependant déjà l'exécution des engagements personnels par une pénalité ; c'est ainsi que dans la violation des dépôts, dans la soustraction d'une pièce produite en justice, dans la banqueroute simple, peut-être même dans les tromperies sur la nature des choses vendues, c'est le manquement à une obligation que la loi atteint en première ligne.

« On voit donc, que sans prendre une mesure exorbitante, la loi peut et doit même, si la poursuite civile est insuffisante, sévir contre certaines inexécutions de contrats.

« Quand un seul maître ou un seul ouvrier manque à ses obligations par une cessation de travail arrivant au milieu d'un terme convenu, il n'y a là qu'un fait simple d'inexécution que la loi pénale peut laisser en-dehors de ses prescriptions.

« Mais si cette cessation de travail a lieu par suite de coalition, elle a un caractère d'immoralité et de gravité tout particulier et que nul ne peut méconnaître.

« Vingt ouvriers sont, je suppose, employés à entretenir la marche d'un haut fourneau, ils se sont engagés pour un terme fixe ; ils s'entendent pour aller trouver le propriétaire de l'usine et le menacer de quitter à l'instant le travail si leur salaire n'est augmenté. Le maître, fort de ses contrats, refuse, les ouvriers l'abandonnent. Les conséquences de ce fait sont graves. Quels sacrifices le maître pris à l'improviste, devra-t-il s'imposer, et qui ne sait l'énorme préjudice qui peut être causé si des lenteurs surviennent.

« On le voit, il y a ici plus qu'un simple manquement à une obligation. L'inexécution est non-seulement doleuse, parce qu'elle est faite de mauvaise foi et pour atteindre un bénéfice illégitime, mais il y a une intention criminelle très marquée dans le fait de relier les différentes infractions pour contraindre ainsi le maître confiant dans la foi promise, par une pression plus grande, à satisfaire à d'injustes exigences.

« Et quelles seraient dans un cas pareil les ressources de l'action civile? Elles seraient absolument nulles, sans doute, une poursuite ne serait pas même tentée à moins que le maître, sacrifiant son intérêt à la vengeance, ne risque un procès onéreux pour arriver à la contrainte par corps.

« Il vaut mieux prévenir cette extrémité en arrêtant ces faits coupables par une peine dont l'utilité se montre autant que la justice. Que l'on compare les diverses infractions contre les propriétés, et l'on se convaincra qu'elles ne constituent ni une méconnaissance plus complète du droit, ni un attentat plus dommageable aux biens.

« La loi de l'égalité doit ici comme ailleurs planer sur les maîtres et sur les ouvriers; si des entrepreneurs d'industrie se concertaient pour fermer leurs ateliers ou renvoyer certains ouvriers au mépris de leurs contrats et pour atteindre ainsi un but par une action commune, il est juste qu'ils subissent la même peine.

« L'infraction, telle qu'elle sera constituée se compose donc, qu'elle soit commise par les maîtres ou par les ouvriers, de deux éléments essentiels.

« 1° *Cessation de travail, contrairement aux contrats.* Cette circonstance est la base fondamentale du délit ; elle est l'acte injuste qui justifie la peine. Elle doit être constatée pour qu'une condamnation intervienne; le simple projet même fait en commun, ne suffit pas; mais dès que l'un des contractants commet cette violation du droit, si le fait aggravant qui constitue le second élément du délit est justifié, la peine est encourue.

« Un contrat pour être valable ne doit pas être exprès; l'art. 1160 du Code civil porte : « On doit suppléer dans « le contrat les clauses qui y sont d'usage quoiqu'elles « n'y soient pas exprimées. » Si la durée de l'engagement n'a pas été spécialement indiquée, mais qu'elle résulte de l'usage, elle lie cependant les parties. Ainsi il est d'usage, dans certains centres houillers, que le maître et l'ouvrier doivent se prévenir quinze jours avant de se quitter; le fait seul du travail implique donc d'après le droit civil un engagement de quinzaine. Il a paru utile dans l'intérêt des ouvriers, de rappeler dans le texte de la loi pénale ce principe qui aurait d'ailleurs son application même s'il était passé sous silence, puisque c'est au droit privé qu'il faut se reporter pour savoir quelles sont les conditions d'un contrat.

« 2° *Coalition ayant amené la cessation du travail.* Cette réunion des volontés pour enfreindre les obligations n'est plus le fait coupable contre lequel la loi sévit; elle est la circonstance aggravante de l'acte illicite qui, en augmentant la gravité morale et matérielle de cet acte, appelle la loi pénale à se joindre à la loi civile.

« Tel sera donc le fait complexe dans lequel seulement,

d'après le système de la Commission, la coalition des maîtres ou des ouvriers entrera comme élément d'une infraction. Il est à remarquer que l'adoption de ce système entraînera non-seulement l'abrogation des art. 415, 416 du Code pénal, mais celle des articles du Code rural qui frappent les coalitions. Par les termes généraux employés dans la rédaction, il est hors de doute qu'elle s'applique aux agents de l'industrie agricole comme aux entrepreneurs de fabrication ou de commerce.

« Il est d'autant plus important de maintenir fermement l'exécution des contrats, qu'on trouve dans leur maintien une digue efficace contre des entraînements dont une excitation momentanée fait toute la force. On quitte difficilement une voie où l'on est entré, quelques regrets que l'on ait de s'y être avancé. Combien de fois ceux qui ont pris part à une coalition ont-ils déploré de s'y être engagés, tout en y persévérant seulement parce qu'une fausse honte les y retenait, ou parce que les ateliers s'étaient fermés. Le maintien des contrats donnera à beaucoup le temps de la réflexion, rompra la simultanéité d'une désertion soudaine et laissera un noyau de travail qui deviendra un centre de ralliement.

« Ce résultat mérite d'être recherché ; il est d'autant plus précieux qu'on peut nourrir l'espoir de l'obtenir par une répression dont chacun comprendra la justice.

« Nous nous sommes posé une troisième question.

« *Faut-il porter des peines spéciales contre les faits qui portent atteinte à la liberté du travail?*

« Le Code actuel résout cette question affirmativement dans son art. 416, mais il borne la portée de cette disposition aux faits commis par les ouvriers. Si le nombre des ouvriers rend leurs actes plus dangereux, la position des maîtres et les moyens dont ils disposent rendent les leurs plus coupables; et cette compensation doit faire rétablir l'égalité devant la peine.

« Le principe du Code actuel ne peut d'ailleurs donner en lui-même lieu à aucune objection sérieuse.

« Nous avons répété souvent que la peine doit se proportionner à l'immoralité du fait et aux exigences du maintien des droits.

« A ce double point de vue, la circonstance que certaines infractions sont dirigées contre la liberté du travail, doit entraîner une aggravation de pénalité, surtout dans l'hypothèse où les principes que nous avons admis seraient adoptés.

« L'injure et la violence sont par elles-mêmes des infractions contre l'honneur ou la sûreté de celui qui en est l'objet, ce caractère leur est essentiel ; si elles sont commises pour le contraindre à un acte auquel il n'est pas astreint, un nouvel élément de criminalité s'ajoute à leur caractère principal; le fait n'attente plus seulement à l'honneur et à la sûreté, il attente encore à la liberté. Le mal commis est donc plus grand et la peine doit être plus forte.

« Par la même considération, des actes qui ne sont pas

par eux-mêmes au rang des délits peuvent y être placés parce qu'ils sont dirigés contre le droit d'autrui.

« Plus on tient au principe de la libre disposition de soi-même, plus on doit réprimer sévèrement l'attaque dont il est l'objet, et ce serait une monstrueuse inconséquence au moment où la loi donnerait une nouvelle étendue à ce principe que de diminuer la garantie que lui donne la loi pénale.

« De ce principe naissent avec la même légitimité le droit de se coaliser et celui de ne pas se coaliser ; l'expérience apprend que souvent ceux qui ont usé du premier ont voulu empêcher d'autres d'user du second ; l'association est toujours une force immense ; les espérances dont se bercent souvent ceux qui se jettent dans une coalition les portent à user de cette force pour faire plier les volontés qui résistent aux mêmes entraînements, et assurer ainsi l'unité d'efforts dont on attend le succès.

« Des moyens plus puissants et une propension plus grande augmentent ainsi le danger de l'infraction. L'Angleterre a vu des crimes odieux ensanglanter les coalitions, nous savons que sa législation ne permet pas une répression assez énergique de ces tendances ; il faut profiter de son expérience pour ne pas créer dans notre Code une lacune qui serait la ruine de tout le système de liberté qu'il consacre.

« Quelque légère qu'elle soit, quelque forme qu'elle revête, la contrainte doit être réprimée ; c'est une voie qu'il faut fermer complètement ; des faits peu importants conduisent à de plus graves, et la grandeur du droit lésé compensera d'ailleurs très-amplement l'exiguité de l'offense.

« Votre Commission a complété dans cet ordre d'idées la rédaction de l'art. 416 du Code actuel, et en a fait disparaître quelques mots inutiles.

« Elle a cru aussi inutile de maintenir dans la peine la surveillance spéciale de la police.

Tels sont les motifs qui ont guidé votre Commission dans la révison de cette partie de notre législation.

« Le système qu'elle propose n'est que l'application égale aux maîtres et aux ouvriers du double principe de la liberté et du maintien des droits de chacun.

« Votre Commission a la confiance que cette réforme sera accueillie avec faveur par le pays entier ; elle se plait à constater que dans nos principaux centres industriels cette réforme a reçu à l'avance l'adhésion des maîtres aussi bien que des ouvriers. Les opinions exprimées par les comités houillers de Mons d'abord et de Charleroi ensuite et enfin par une association importante de Gand, sont bien propres, par la source dont elles émanent, à rassurer sur les conséquences de l'abrogation de nos lois sur les coalitions. »

Cette théorie n'est pas à l'abri de la critique. Les principales erreurs qu'elle consacre dérivent, comme dans le système de Cherbuliez et de Coquelin, de la confusion entre les associations et les coalitions.

Sous l'influence de cette confusion, les auteurs de cette théorie débutent par une fausse appréciation de la loi française du 1er décembre 1849. Ils l'appellent un replâtrage législatif parce qu'ils ne voient pas que cette loi sépare à bon droit l'association de la coalition, le droit de la contrainte ou de la *pression*, et proscrit à juste titre en première ligne, les coalitions qui veulent peser sur le taux des salaires par une cessation simultanée du travail, parce que ces coalitions s'appuient sur la *pression* la plus redoutable, et violent manifestement le droit et les lois de l'économie sociale.

La loi du 1er décembre 1849 n'atteint que les coalitions mises à exécution, c'est-à-dire la contrainte ou la pression exercée contrairement au droit et aux lois sociales. Elle ne frappe que la lésion la plus dangereuse, celle qui porte coup aux règles fondamentales qui régissent la société et en forment pour ainsi dire la pierre angulaire. C'est pour ce motif qu'elle est la plus légitime de toutes les lois, puisqu'elle consacre et garantit les droits les plus importants. Cette loi ne heurte pas le sens moral, elle n'est pas entachée d'une sévérité outrée, comme le pense la Commission de la Chambre des Représentants; elle garantit la liberté pour tous, pour le maître comme pour l'ouvrier, et cherche ses inspirations dans les notions les plus vraies et les plus nécessaires de l'économie politique. Elle reçut le jour au surplus à une époque où la France avait changé de régime et de gouvernement, et où le mot de liberté était dans toutes les bouches. La date de sa naissance à elle seule était un enseignement qui devait mettre en défiance contre les fausses appréciations et faire rechercher dans les discussions parlementaires le sens et la portée de ses dispositions. Celles-ci, comme on le sait, sont extraites des art. 414, 415 du Code pénal de 1810, articles qui n'ont jamais été envisagés par nos tribunaux comme inconstitutionnels, comme empiétant sur le droit d'association. La justice y trouvait au contraire une garantie de la liberté et de l'ordre social. Elle comprenait qu'une coalition n'est pas une association pure, qu'une coalition mise à exécution est une atteinte au droit et aux lois de l'ordre social.

La Commission de la Chambre des Représentants n'a pas vu que la loi du 1er décembre 1849 et les art. 414, 415 du Code pénal de 1810, n'apportent aucune entrave au droit d'association. Ils ne mettent en effet aucun obstacle à ce que des ouvriers forment des sociétés. Ils défendent seulement que des ouvriers se coalisent pour *faire cesser en même temps* de travailler, *interdire* le travail dans un atelier, etc. Le rapporteur de la loi du 1er décembre 1849, M. Vatimesnil, eut soin d'expliquer ces mots *faire cesser en même temps* de travailler, et de montrer que le législateur ne voulait atteindre que la pression ou la contrainte morale. Rien ne s'oppose donc à ce que des ouvriers conviennent du taux auquel ils offriront leurs services et tâchent d'élever ce taux par tous les moyens possibles. Mais ce qui leur est interdit c'est de vouloir parvenir à cette élévation par la pression ou la contrainte morale. Or, il est certain que cette pression existe, si des ouvriers commencent à mettre à exécution leur volonté de faire cesser de travailler en même temps, et intiment par exemple à leur maître leur résolution de quitter tous ensemble les travaux s'il n'augmente pas les salaires. Le maître n'est pas libre parce que la décision de ses ouvriers de quitter en même temps le travail est de nature à *forcer* sa volonté, cette décision n'étant en définitive que la menace d'un mal considérable et peut-être d'une ruine complète. Il n'est pas plus libre que ne le serait la personne à laquelle on demanderait de souscrire un contrat en la menaçant d'un grand dommage. C'est la mise à exécution de cette pression, de la résolution de quitter en même temps les travaux ou de la menace implicite de ce dommage que devaient frapper et que frappaient les lois précédentes sur les coalitions. Il est donc erroné de soutenir, comme le fait la Commission de la Chambre des Représentants, que sous ce régime « si deux ou trois ouvriers se concertent sur le taux de leur salaire, et si reconnaissant qu'ils peuvent en réclamer une augmentation, ils en font la demande simultanée ou se décident à renoncer ensemble à un travail auquel rien cependant ne les astreint pour chercher ailleurs des conditions meilleures, ils tombent sous le coup de la défense de la loi. » Cette défense n'atteint pas deux ou trois ouvriers d'une manufacture par cela seul qu'ils veulent renoncer ensemble à leur travail. Elle ne les frappe que lorsqu'ils veulent *faire cesser* le travail de tous les ouvriers *en même temps*, et qu'ils mettent à exécution leur résolution. Ce qu'elle punit, ce n'est pas l'association du travail, mais la pression que cette association exerce sur la volonté d'autrui. C'est aussi à tort que la Commission de la Chambre dit : « La faculté de disposer de son travail ou de sa propriété est de droit naturel comme de droit constitutionnel, nul ne le conteste. Chaque ouvrier peut donc offrir ou refuser son travail et en fixer les conditions, comme chaque maître peut accepter ou non ces conditions. Deux ouvriers ou deux maîtres, ont de l'aveu de tous le droit d'agir de la même manière séparément, ou même simultanément, pourvu que ce soit sans concert préalable. Mais comment, quand ce concert apparaît comme trait d'union entre ces deux actes, verrait-on naître un fait criminel ? N'est-il pas évidemment impossible que deux faits licites en se joignant puissent produire un acte illicite ? » D'après ce que nous venons de voir, il n'est pas exact de dire que deux ouvriers n'ont pas le droit, sous la législation française, de se concerter pour offrir ou refuser leur travail. Ce qui est vrai, c'est qu'ils ne peuvent s'unir pour *faire cesser en même temps le travail.* L'offre ou le refus de travail ne donne pas lieu à un délit parce qu'il est l'objet d'un concert, mais parce que ce concert est dirigé contre la liberté du maître. Le refus de travail de deux ouvriers sont des faits licites, qui, en se joignant par un concert ne donnent pas lieu à un fait illicite. Ils ne revêtent ce caractère que par l'intervention d'un autre fait qui est l'élément de coaction ou de contrainte, l'intention manifestée de forcer la volonté du maître par l'abandon simultané du travail. Dans un autre ordre d'idées, personne ne conteste que la liberté du travail implique pour les fonctionnaires publics le droit de donner leur démission. Deux fonctionnaires ont de l'aveu de tous le droit d'agir de la même manière séparément, et cependant quand la démission fait l'objet de certains concerts, il y a lieu à une peine. L'article 126 du Code pénal porte en effet : « Seront coupables de forfaiture et punis de la dégradation civique : — Les fonctionnaires publics qui auront par délibération arrêté de donner leur démission dont l'objet ou l'effet serait d'empêcher ou de suspendre soit l'administration de la justice, soit l'accomplissement d'un service quelconque. » Cet article aussi atteint une cessation simultanée de travail, œuvre de la vengeance et basée sur la contrainte morale. Bien qu'il soit permis aux fonctionnaires de disposer de leur travail, il ne leur est pas accordé de former des coalitions à l'effet d'empêcher ou de suspendre l'accomplissement d'un service quelconque. La raison en est que non-seulement dans ces coalitions il y a jonction de volontés ou concert sur le travail, fait très-licite, mais qu'à ce concert vient s'unir une intention mauvaise, celle de la vengeance ou de la contrainte morale. Ces coalitions comme celles des ouvriers ont d'ailleurs un caractère nuisible à l'intérêt social. La cessation simultanée de fonctions publiques comme la cessation simultanée du travail dans une manufacture, occasionne, dans des sphères différentes, un grave préjudice à l'Etat. Les coalitions des ouvriers en outre, à la différence de celles des fonctionnaires, troublent toujours l'ordre public.

Après avoir traité la question théorique à l'aide d'une fausse appréciation des coalitions, et en posant des principes de droit incontestables, mais qui ne peuvent être invoqués dans l'espèce, la Commission de la Chambre se demande s'il est nécessaire ou utile de proscrire la coalition simple. Ici de nouveau apparaît la confusion entre le droit d'association et la coalition. La première considération historique à laquelle elle s'arrête, porte sur un point qui de nos jours est hors de débat, à savoir que la liberté d'association ne peut faire craindre sérieusement le retour des corporations. La Commission cherche à montrer l'inutilité actuelle de lois pareilles à l'édit de 1776, qui, remarquons le, portait coup, non pas aux coalitions, mais aux associations pures, et supprimait dans l'industrie le droit de s'associer par crainte des corporations. La Commission semble ignorer que ce régime n'existait plus sous le Code pénal de 1810 et que les coalitions sous ce Code étaient réprimées non pas en haine ou par crainte des corporations, mais pour défendre la liberté et les intérêts de la société. Sur le terrain de l'économie politique, la Commission omet d'examiner, comme nous l'avons fait, les effets nuisibles des coalitions par rapport aux maîtres, aux ouvriers et à la société entière. Elle se borne à constater que les effets des coalitions ne sont que temporaires par suite de l'inflexibilité des lois économiques qui dominent l'industrie : « Le taux des salaires, dit-elle, est fixé non par des arrangements arbitraires, mais par des faits économiques multiples et indomptables qui finissent toujours en un temps très court par briser les résistances qu'ils rencontrent. » Comment la Chambre des

Représentants n'a-t-elle pas vu que les mots, *arrangements arbitraires, faits économiques indomptables, temps très court,* renfermaient la condamnation de sa doctrine. Si les coalitions sont des arrangements arbitraires contraires à des faits économiques indomptables, en d'autres termes aux lois économiques, ces arrangements sont essentiellement antisociaux et de plus nuisibles, puisqu'on ne peut pas impunément enfreindre ces lois. Elles doivent donc être proscrites. Il importe peu que les effets de ces arrangements ne se fassent sentir qu'un temps très court, la question de temps n'ôtant rien à l'appréciation et à la qualification de ces arrangements considérés en eux-mêmes. Cette question de temps d'ailleurs est très difficile à préciser. On a vu des coalitions exercer leur empire pendant un temps assez long et même faire dégénérer les ouvriers coalisés en une sorte d'aristocratie ouvrière tirant tous ses profits de la misère des autres travailleurs. C'est à ce résultat que parvinrent certaines classes d'ouvriers en Angleterre. Au lieu d'examiner la question industrielle au point de vue de tous les intérêts, la Chambre des Représentants ne considère que la question des salaires par rapport aux coalisés seuls vis-à-vis de celui ou de ceux contre lesquels la coalition est dirigée. Elle attache peu d'importance aux coalitions des ouvriers parce que l'expérience a prouvé qu'elles finissent par des échecs; quant aux coalitions des maîtres elles se maintiennent soit qu'on les réprime ou qu'on ne les réprime pas, et dans tous les cas elles ne peuvent, elles aussi, ne durer que peu de temps; dans un tel état de choses, l'abolition de la peine édictée contre la coalition simple, doit d'après la Chambre, en rétablissant l'équilibre aujourd'hui rompu en faveur des maîtres, bien loin d'effrayer, rassurer davantage contre les abus de la législation actuelle. — Circonscrivons pour un moment dans d'étroites limites, comme le fait la Chambre, l'examen des lois économiques. Laissons complètement dans l'ombre l'importante question de l'intérêt collectif ou social, et voyons quels sont les effets des coalitions relativement aux salaires et par rapport à ceux qui les forment et par rapport à ceux envers lesquels elles sont formées. Et d'abord on ne peut dire que les coalitons des ouvriers échouent toujours. Il est avéré qu'elles ont réussi parfois au détriment des autres ouvriers ou des maîtres. De plus dans tous les cas où elles n'ont pas abouti elles ont amené une plus grande misère et parfois la ruine des maîtres et des travailleurs, tout en atteignant même ceux qui avaient résisté à l'entraînement général. Pour ce qui est des coalitions des maîtres, ce n'est qu'en les confondant avec les associations pures qu'on parvient à dire qu'elles échappent au coup de la loi pénale. Ce que la répression ne parviendrait pas à frapper, en supposant qu'elle en eût le droit, chez les maîtres comme chez les ouvriers, ce sont ces ligues ou conventions soit expresses soit tacites en vertu desquelles les salaires tendent à un taux uniforme pour tout un genre de services productifs. Ces concerts qui ne sont que des mises en œuvre du droit d'association ne font que régulariser les salaires. Mais si des maîtres faisaient entre eux des coalitions à l'effet de forcer l'abaissement des salaires au moyen d'une contrainte morale *exercée sur leurs ouvriers*, il y aurait certainement des moyens de prouver cette contrainte par cela même qu'elle aurait reçu exécution. Que les maîtres portent, par exemple, notoirement à la connaissance de leurs ouvriers, qu'ils ont à céder une partie de leur salaire ou à quitter les travaux, que par suite les ouvriers d'un entrepreneur sachent qu'ils ne pourront trouver du travail chez les autres entrepreneurs que moyennant le salaire réduit, la notoriété même de la coalition pourra servir de base à l'exercice d'une poursuite, à la saisie de pièces et aux moyens de preuves nécessaires pour établir la coalition. Que si au contraire la coalition n'est pas notoire, si les ouvriers ne savent pas que tous les entrepreneurs se sont unis *pour forcer* l'abaissement des salaires par le renvoi des travailleurs qui résisteraient à leurs prétentions, il n'y aura pas réellement de contrainte morale exercée et par suite pas lieu à répression. On oublie trop souvent, en considérant les coalitions des maîtres, de faire la distinction entre ces deux ordres de faits, et par là on arrive à conclure qu'il est presque impossible de frapper ces coalitions. Mais en supposant même que cette distinction ne puisse être faite, encore ne pourrait-on innocenter les coalitions des ouvriers contraires à la liberté. La répression d'un acte coupable ne peut pas dépendre de la possibilité plus ou moins grande de réprimer un autre acte coupable. Il n'y a pas de système de compensation en matière de délits. De plus un tel système n'aboutirait pas à une compensation équitable parce que les coalitions des maîtres sont bien plus rares que celles des ouvriers, par cela même que le chiffre de la population ouvrière ou la concurrence tient toujours les salaires à un taux peu élevé. Cette compensation ou ce système d'équilibre, d'une invention toute moderne, loin « de rassurer contre les abus de la législation actuelle, » serait ou inutile, ou donnerait lieu aux injustices les plus grandes. En mettant à l'écard le droit, on pourrait comprendre un système d'équilibre lorsqu'il s'agirait d'ouvriers qui par des coalitions voudraient réagir contre une baisse forcée de salaires occasionnée par une coalition de maîtres. Mais dans ce cas encore la justification de la coalition dépendrait de la preuve que les maîtres ont formé un concert ayant pour but de forcer l'abaissement des salaires. Il faudrait en outre démontrer que les ouvriers n'ont fait remonter les salaires qu'au taux primitif. On devrait aussi supposer chez les travailleurs une raison et une modération qui n'existent pas chez eux lorsqu'on consulte les enseignements de l'histoire. Or, ne serait-il pas plus simple, plus juste et plus conforme aux règles de l'ordre social, d'éviter ces représailles dangereuses et de s'en tenir à la première justification, celle qui porte sur le fait qu'une coalition a existé parmi les maîtres pour forcer l'abaissement des salaires, de sévir contre cette coalition et de la dissoudre par la répression. Dans tous les autres cas où les ouvriers se coaliseraient contre des maîtres pour forcer la hausse des salaires qui n'auraient pas été baissés par la pression des coalitions des maîtres, ce prétendu système d'équilibre ne renfermerait que contre-vérités et qu'abus. Tel est le résultat auquel conduit cette théorie de l'équilibre à moins qu'on n'aille jusqu'à soutenir qu'il ne faut pas se préoccuper de la question de savoir s'il y a eu coalition précédente des maîtres dans la branche d'industrie qu'on considère, et alors on arrive à regarder comme justes des coalitions d'ouvriers contre des maîtres qui ne se sont jamais coalisés, ou celles organisées contre le patron de certaines manufactures, parce que ceux d'autres manufactures se sont coalisés contre leurs ouvriers. Ce serait au nom de l'équilibre que les ouvriers prendraient des suppositions pour des réalités et se jetteraient à corps perdu dans ces combinaisons fatales qui ne renferment que désordres et misères. Après avoir conclu à l'adoption du système de l'équilibre, la Commission de la Chambre constate que des grèves tumultueuses en Angleterre ont troublé profondément l'ordre public et compromis l'industrie. Après cela il semblerait que la cause des coalitions soit entendue et qu'il faille une bonne fois défendre ces grèves, en d'autres termes les coalitions suivies d'exécution. La Commission de la Chambre n'arrive pas à ce résultat parce qu'elle ne voit pas que les grèves sont des mises à exécution des coalitions. Elle confond de nouveau l'association avec la coalition. Pour elle les lois anglaises, qui, jusqu'en 1824, frappaient l'association comme la coalition, sont des pures lois sur les coalitions; celles qui intervinrent après 1824 et qui proscrivirent en réalité la mise à exécution des coalitions, ne sont que des dispositions autorisant les coalitions. Il lui échappe que le Parlement anglais de même que les Assemblées françaises, commencèrent par frapper l'association et finirent par ne punir que la mise à exécution des coalitions. Nous ne reviendrons plus ici sur l'histoire de la législation anglaise sur les coalitions ni sur les causes qui la firent échouer. Nous nous bornerons à rappeler un fait qui n'est pas sans importance et qui a exercé une influence fâcheuse sur le nouveau projet de loi belge. La législation anglaise, tout comme la législation française sur les coalitions, a été généralement mal comprise non-seulement par des maîtres ou des ouvriers mais par des hommes qui avaient le titre de jurisconsulte. On a généralement confondu l'association avec la coalition. On a cru que les dernières lois françaises qui renfermaient le mot de coalition frappaient indistinctement l'association et la coalition, ce qui était licite et illicite. On s'est imaginé que les dernières lois anglaises qui ne renfermaient pas le mot de coalition différaient essentiellement des lois françaises et autorisaient les coalitions ou les résistances aux maîtres. Ces erreurs d'interprétation ont certainement plus nui à l'effet moral de ces lois que toutes les autres causes qu'on est dans l'habitude de signaler comme ayant été celles de l'échec de ces mesures répressives. Les lois ne peuvent aboutir si elles sont formulées de manière à faire croire aux masses, ou bien qu'elles sont contraires au droit, ou bien qu'elles autorisent l'abus du droit. Il fallait dans ces deux législations un texte exprès et clair définissant la coalition et traçant la ligne qui la séparait de l'association. On ne peut pas oublier que le système de la liberté de la pensée est non-seulement celui de la liberté de la vérité, mais encore celui de la liberté de l'erreur. La vérité est plus difficile à trouver que généralement on le pense. Il est donné à bien peu de personnes de la contempler et de la mettre en lumière soit qu'elles n'ont pas les loisirs de la rechercher, ou qu'elles ne mettent pas à cette recherche le temps nécessaire, soit qu'il leur manque cette faculté peu commune, cette sorte de pierre de touche intellectuelle qui avertit de la vérité ou de la fausseté d'une doctrine. C'est là un fait que nous nous contentons de constater. Le législateur ne pouvait pas en faire abstraction. Il lui fallait empêcher autant que possible les erreurs, exprimer nettement sa pensée, et dans des matières aussi délicates que celles des coalitions, séparer clairement la coalition de l'association, le droit de l'abus du droit.

Si cette séparation claire et précise avait existé dans le texte des lois françaises et anglaises sur les coalitions, il est incontestable que la Commission de notre Chambre des Représentants se serait ralliée à ces régimes, puisqu'elle disait elle-même dans son rapport : « Les éventualités qui effraient, ce sont ces grèves tumultueuses, jetant l'interdit sur certains ateliers, s'affiliant par la terreur ceux que leur volonté n'y entraîne pas, éclatant parfois tout-à-coup aussi avec une soudaineté qui étonne autant que la frivolité de leurs causes, et compromettant toujours l'industrie et l'ordre public. » La Commission de la Chambre se serait convaincue par l'inspection même des textes que ces lois ne frappaient dans les coalitions qu'une mise à exécution, c'est-à-dire des atteintes au droit, à la liberté individuelle; elle n'aurait pas perdu de vue que l'exécution la plus redoutable des coalitions était précisément ces grèves escortées de tant de désordres et de tant de crimes; de ces considérations serait sortie une loi belge basée sur les principes du droit public et les exigences de l'ordre social. Les grèves et toute mesure d'exécution qui y conduit auraient été prohibées parce qu'elles portaient coup à ce droit et à cet ordre et non pas parce qu'elles blessaient un droit privé. Il y aurait eu prohibition, soit que ces actes d'exécution fussent accompagnées de rupture de contrat ou qu'il n'y eût pas de rupture, car dans l'un comme dans l'autre cas il y a mise à exécution d'une coalition, pression sur les maîtres par l'abandon simultané du travail, exercice de la contrainte morale. Il va de soi en effet que la liberté des maîtres peut être atteinte, et que l'ordre public peut être troublé, non-seulement quand les ouvriers quittent en même temps le travail ou mettent à exécution leur volonté collective avant l'expiration du terme de leur contrat, mais alors même qu'ils abandonnent en même temps les travaux à l'échéance de ce terme. Si, en effet, celui-ci échoit le même jour pour tous les ouvriers, ils pourraient par exemple en se mettant en grève à l'expiration de leur contrat, tout en s'y conformant exercer une pression énergique sur la volonté de leur maître. Lors même que les ouvriers se seraient engagés sans terme, ce qui arrive communément, et que d'après l'usage, ils devraient prévenir le maître, par exemple une quinzaine avant de le quitter, ils pourraient tout en respectant cet usage, au moyen de coalitions étendues comme celles qu'on a vues plus d'une fois en Angleterre, parvenir à forcer la volonté des maîtres. Ces derniers en effet par l'étendue même de la coalition ne parviendraient pas à trouver à temps le nombre d'ouvriers nécessaires. Dans ces sortes de coalitions la résistance des ouvriers ne serait pas moins à craindre que dans les autres. L'expérience d'ailleurs a prouvé que lorsqu'on permet aux masses des mesures de résistance, de contrainte ou de violence morale, elles passent promptement de la violence morale à la violence physique.

Ces bases larges et solides d'une législation sur les coalitions ne sont pas celles du nouveau projet de loi belge. Il proscrit dans les coalitions non pas les atteintes à la liberté, au droit ou à l'ordre social, mais la lésion d'un intérêt privé, la rupture d'un contrat. Voilà du moins ce qu'il dit et ce que porte son texte. Mais quand on pénètre ce texte et qu'on interroge son esprit, la pensée qui a présidé à sa confection, l'on se convainct qu'en réalité c'est la contrainte morale ou la pression qu'il frappe dans les coalitions. Le rapport de la Commission ne peut pas laisser de doute à cet égard puisqu'il dit: « On le voit, il y a ici plus qu'un simple manquement à une obligation. L'exécution est non-seulement doleuse, puisqu'elle est faite de mauvaise foi, et pour atteindre un bénéfice illégitime, *mais il y a une intention criminelle très marquée dans le fait de relier les différentes infractions pour contraindre ainsi le maître confiant dans la foi promise par une pression plus grande, à satisfaire à d'injustes exigences.* »

C'est donc la contrainte morale, ou la pression qui fixe surtout l'attention du législateur belge; et cependant il se borne à punir la contrainte, quand le contrat a été rompu par l'abandon de tous les ouvriers, c'est-à-dire quand les travaux chôment, que les désordres sont produits, que la contrainte est un fait complètement accompli. Il ne sévit pas contre elle alors qu'elle s'exerce ou qu'elle reçoit un commencement d'exécution. Il permet aux ouvriers de recourir envers leur maître à la contrainte la plus manifeste et la plus grande, en lui faisant connaître par exemple, leur résolution de quitter en même temps son établissement parce qu'il n'accorde pas une hausse de salaires. Il ne punit pas les ouvriers, lorsque, comme le porte la loi anglaise de 1825, ils ont employé des moyens de contrainte « contre ceux (les maîtres dans l'espèce) qui ont refusé de s'assujettir à certains décrets, préceptes, résolutions ou règlements ayant pour but l'accroissement des salaires. » Tout en manifestant l'intention de frapper toujours la contrainte, il ne s'en occupe que lorsqu'elle se produit accompagnée de rupture de contrat. Ces lacunes importantes proviennent de ce que la Chambre des Représentants a choisi une base incomplète pour la répression des coalitions, et ne s'est pas arrêtée aux véritables principes de la matière.

C'est aussi l'oubli de ces principes qui l'a portée à proscrire dans son art. 348 non-seulement les violences, les menaces, les amendes, les défenses et les proscriptions, mais encore les injures. On ne voit pas comment une injure puisse devenir un moyen de contrainte c'est-à-dire une sorte de menace expresse ou tacite d'un mal. Une injure offense mais ne contraint pas. Elle blesse l'honneur, la personnalité, mais ne fait pas entrevoir un mal, soit implicitement, soit explicitement : en disant à quelqu'un qu'il est un fripon on ne peut pas le contraindre à faire une chose contraire à la liberté individuelle. Quant aux rassemblements il semble qu'il aurait fallu les punir dans tous les cas, alors même qu'ils n'auraient pas lieu près des établissements où s'exerce le travail ou près de la demeure de ceux qui le dirigent, pourvu toutefois qu'ils fussent de nature à porter atteinte à la liberté des maîtres ou des ouvriers.

Telles sont les principales critiques auxquelles donne lieu la nouvelle loi belge sur les coalitions des maîtres et des ouvriers. Par suite surtout de la confusion entre les associations et les coalitions, cette loi permet en principe les coalitions, c'est-à-dire les associations qui se proposent de peser sur la liberté industrielle. Elle ne les punit pas alors même qu'elles auraient été suivies d'un commencement d'exécution, d'une contrainte incontestable. C'est là un vice capital.

Il est vrai que par exception à la règle qui tolère les coalitions, elle punit certaines coalitions et certains faits comme entachés de contrainte.

Mais ces exceptions mêmes donnent lieu à une anomalie et à une contradiction. Tandis que les coalitions qui exercent une puissante contrainte sont tolérées, des faits inoffensifs et dénués de contrainte, les simples injures, sont punis comme des actes de pression illégitime. Ce sont là choses contradictoires puisque la loi admet en principe la contrainte et que les exceptions la proscrivent.

On peut ajouter que la loi n'atteint pas le but qu'elle s'était proposé et qu'au lieu d'établir l'égalité entre les maîtres et les ouvriers elle crée une véritable inégalité. Ce qu'elle réprime seulement c'est comme le dit son texte : « Toute cessation de travail faite par suite de coalition entre ceux qui travaillent, soit entre ceux qui font travailler, et en violation des conventions ou sans que les délais d'information fixés par l'usage aient été observés. » Comme en réalité les maîtres ne forment presque jamais des coalitions pour cesser le travail en violation des conventions, mais que les ouvriers au contraire en forment presque toujours de semblables, il en résulte qu'en réalité les coalitions des ouvriers seules tombent sous le coup de la loi pénale.

Loin de nous la pensée de faire remonter ces imperfections aux auteurs du nouveau projet de loi. Tout le monde connait l'intelligence et les capacités de nos hommes d'état, notamment du rapporteur de la Commission. Comme nous l'avons déjà dit, ces imperfections tiennent aux vices des premières lois sur les coalitions ainsi qu'à l'interprétation erronée qu'on donna généralement aux lois postérieures intervenues sur cette matière. La législation vers la fin du siècle passé et au commencement du siècle actuel avait confondu et frappé indistinctement les coalitions et les associations industrielles. L'opinion publique s'était à juste titre élevée contre une confusion semblable. La législation avait été réformée. Ces réformes malheureusement n'avaient pas assez de clarté et de précision. On crut généralement que les principes fondamentaux de l'ancien système avaient été maintenus. Pour la plupart des personnes les nouvelles lois sur les coalitions renfermaient toujours des atteintes au droit d'association. Le législateur belge se faisant l'écho de l'opinion accréditée même parmi des jurisconsultes en renom, recula devant une législation pareille. Il crut et devait croire à ce point de vue qu'il ne pouvait pas consacrer des dispositions qui entamaient l'un des principaux droits publics garantis par la Constitution, celui de la liberté d'association. Il eut cependant conscience des véritables principes et inscrivit bien explicitement dans son rapport qu'il fallait proscrire toute contrainte morale. Tant il est vrai que les intelligences d'élite, tout en suivant des doctrines fausses que la vogue leur recommande, éprouvent cependant instinctivement le besoin de protester contre ces doctrines, et de rendre hommage à la vérité, aux exigences sociales et à l'ordre public.

Ce qui a surtout manqué à la Chambre des Représentants, c'est une histoire critique des différentes législations sur les coalitions. Si cette histoire avait existé, il est certain que la Chambre n'aurait pas répudié les principes déposés dans le Code pénal français de 1810. Elle aurait fait à peu de choses près, ce qu'a fait un pays voisin dont les mœurs et les institutions ont de l'analogie avec les nôtres. Jusqu'à présent en effet, la Hollande a conservé les dispositions du Code pénal français sur les coalitions. Son Code reproduit les art. 414, 415, 416 du Code français et porte : — Art. 414. « Alle onderlinge zamenspanning of vereeni-« ging van degenen die handwerkslieden in het werk stellen, « strekkende om tegen regt en billijkheid eene verminde-« ring van het werkloon door te drijven, wanneer zij van « eene pooging of eenen aanvang van uitvoering gevolgd « wordt, zal gestraft worden, met eene gevangenzetting van « zes dagen tot eene maand, en eene geldboete van twee « honderd tot drie duizend franken. » — Art. 415. « Alle « onderlinge zamenspanning of vereeniging van de zijde « der werklieden, om te gelijker tijd werk te doen ophouden, « het werk in eene fabriek of werkplaats te verbieden, « het te werk komen en blijven voor of na zeker uur te « beletten, en in het algemeen, om den arbeid te doen « staken, te beletten of duurder te maken, wanneer er « eenige poging in het werk gesteld of een aanvang met « de uitvoering gemaakt is, zal gestraft worden met eene « gevangenis van ten minste eene maand, en ten hoogste

« drie maanden. — De hoofden en aanleggers zullen gestraft « worden met eene gevangenzetting van twee tot vijf jaren. » — Art. 416. « Ook zullen gestraft worden met de straffen « bij het vorig artikel gesteld en met inachtneming van het- « zelde onderscheid, de werklieden, die eenige boete, ver- « bod, ontzegging of eenige *proscriptie*, onder den naam « van vervloeking of verdoeming, of wat benaming het zijn « mag, uitgesproken of aangezegd zullen hebben, het zij « tegen de fabrickbestuurders en ondernemers van werken, « het zij tegen elkander. — In het geval van dit en het « vorig artikel, zullen de hoofden of aanleggers van wan- « bedrijf, na het uiteinde van hunne straf, onder het toezigt « van de hooge policie gesteld mogen worden, voor ten « minste twee en ten hoogste vijf jaren. »

www.ingramcontent.com/pod-product-compliance
Ingram Content Group UK Ltd.
Pitfield, Milton Keynes, MK11 3LW, UK
UKHW021100230726
13926UKWH00004B/1955